Karl Oberleitner

Johanna Plantagenet

Trauerspiel in vier Aufzügen

Karl Oberleitner

Johanna Plantagenet
Trauerspiel in vier Aufzügen

ISBN/EAN: 9783743479074

Hergestellt in Europa, USA, Kanada, Australien, Japan

Cover: Foto ©ninafisch / pixelio.de

Manufactured and distributed by brebook publishing software (www.brebook.com)

Karl Oberleitner

Johanna Plantagenet

Johanna Plantagenet.

Trauerspiel in vier Aufzügen

von

Karl Oberleitner.

Alle Rechte vorbehalten.

Wien.
Wilhelm Frick,
k. k. Hofbuchhandlung.
1883.

Personen:

Richard Löwenherz, König von England.
Johanna, seine Schwester.
Robert, König von Cypern.
Guido, sein Bruder.
Angeloß, } Edelleute von Cypern.
Kallias,
Arkas, } Höflinge Roberts.
Nicon,
Dora, Edelfräulein von Cypern.
Mathilde, Kammerfrau Johannas.
Der Admiral des Schiffes der Johanna.
Die Gesandten Englands.
Ein Oberst des Richard Löwenherz.
Ein Offizier der Hafenwache.
Ein Offizier der Leibwache Roberts.
Ein Diener Doras.
Höflinge und Krieger des Königs Robert. Gefolge des Richard Löwenherz. Seeleute und Frauen der Johanna. Edelleute und Volk von Cypern.

Die Handlung spielt im Jahre 1191 in der Stadt Amathus auf der Insel Cypern.

Erster Aufzug.

Garten im Palaste des Königs.

(Guido, Angelos treten auf.)

Guido.

Du läßt mich fast in Liebespein vergehen;
Du kommst doch jetzt, von ihr mich zu befreien?
Ich eilte oft, von Sehnsucht fortgetrieben,
Gequält von bangem Hoffen zu dem Hafen,
Die Wimpel Deines Schiffes zu erspähen.
Ich pries mich glücklich, als im Sonnenlichte
Die weißen Segel mir entgegenglänzten.
Bei jedem Ruderschlag erzitterte
Mein Herz, bei jeder Woge, die den Kiel
Umrauschte, wallte stürmisch auf mein Blut.
Nun bist Du hier; o sage, liebt sie mich?

Angelos.

Du grolltest, daß ich lange ferne blieb.
Ich trage nicht die Schuld, daß meine Barke
So spät in uns'rem Hafen ankerte.

Guido.

War Dora unentschlossen, überrascht?
Und wie begrüßte sie die Liebeswerbung?
Sie lud Dich ein, in dem Palast zu bleiben?

Angelos.

Die Holde hielt mich nicht mit süßen Blicken,
Auch nicht mit Bitten ab, das Tau zu lösen.
Ein Sturm zwang mich, die Segel einzuziehen.

Guido.

Sprach Dora nicht von mir? Wies sie Dich ab?
Wich sie erröthend Deinen Fragen aus?

Angelos.

Sie lächelte, als sie Dein Schreiben las,
Und schwieg.

Guido.

   Sie war befangen, wollte Dir
Nicht das Geheimniß ihrer Brust enthüllen.

Angelos.

Sie nicht, ein Blumenkranz verrieth es mir.

Guido.

Nicht auch den Spender?

Angelos.

    Ja! Den edlen Freier.
Die rothe Schleife, die den Kranz umwand,
Geschmückt mit einem Wappen, gab mir an
Den Namen des Erwählten und den Garten,
Wo man die duft'gen, weißen Rosen pflückte.

Guido.

Wer ist der Kühne, der Verwegene,
Der mir das Herz der Holden rauben will?
Ich will mich mit dem Schwerte an ihm rächen.

Angelos.

Du darfst berauscht von ihren Reizen nicht
Sein edles Blut vergießen.

Guido.

Reiner nicht
Auch heißer nicht mag es sein Herz durchströmen,
Wie es in meinen Adern glüht und stürmt.

Angelos.

Entsage ihr.

Guido
(schlägt an das Schwert).

Sein Kranz soll sie nicht schmücken.
Verschweige mir nicht länger seinen Namen.

Angelos.

Zieh' nicht das Schwert, Du kannst mit ihm nicht kämpfen.
Es ist der König.

Guido.

Ha! Mein Bruder! — Robert!

Angelos.

Willst Du in Liebesraserei ihn tödten?

Guido.

Den König nicht, — ich fordere heraus
Den Nebenbuhler, der mein Liebesnetz
Zerreißt; der mit dem Erbtheil seiner Mutter,
Das allzureich dem Eitlen zugefallen,
Mit seinen dunklen Augen, weißen Händen

Und mit dem Glanz der Lockenfülle prahlt,
Unmännlich sich in Prachtgewänder hüllt.
Der mit dem Zauberblick die Mädchen lockt,
Im Uebermuthe ihre Herzen bricht.
Ich nenn' ihn Bruder, doch er ist es nicht.
Er kam mir niemals theilnahmsvoll entgegen
Und gönnte mir auch nie ein Liebesglück.
Er weiß auch jetzt, wie heiß ich Dora liebe,
Und doch zerpflückt er kalt die Rosenkette,
Mit der ich sie umschlang. Sie liebt ihn nicht.
Ihr Flammenblick, der mich im Walde traf,
War nicht ein Wetterstrahl, der nur zerstört,
Ein Feuerstrahl von mächt'ger Zauberkraft,
Der aus dem lieberfüllten Auge brach,
In mir die Liebesgluth entzündete.

Angelos.
Auch Du vertändelst jugendlich die Stunden
Mit Liebeshändeln? Darfst Du ihn verdammen?
Die Zeit ist ernst, und schöne Mädchenaugen
Bestricken Dich so sehr, daß Du vergißt,
Was Du den Edlen Cyperns zugeschworen.
Soll Cypern, uns're theure Heimat, immer
Der Spielball flatterhafter Schönen sein? —
Zieh' nicht das Schwert, um Dora zu erringen,
Der Stoß, der in den Sand Dich streckt, trifft tödtlich
Nicht Doras Herz allein, auch uns're Brust.

Guido.
Nicht Spott verdient, daß ich um Dora werbe;
Die Liebe, die ich für die Holde fühle,

Begeistert mich auch für das schöne Land,
Das grün wie ein Smaragd im Meere schimmert,
Umspült vom Silberschaum der blauen Fluth.
Durch Aphroditens Liebeshauch entströmt
Der Duft den Blumenkelchen, Blüthenzweigen,
Der ringsumher die weiche Luft durchzieht
Und uns erquickt, mit frohem Sinn erfüllt.
Auch Kimons Heldengeist umschwebt die Buchten,
Die einst die Schiffe seiner Krieger bargen;
Er weckt die Heimatsliebe uns'rer Ahnen,
Den Stolz, den Thatendrang in unf'rer Brust. —
Mein Herz empfindet tiefer jetzt den Schmerz,
Der aus den Blicken der Bedrückten spricht, —
Erzittert bei dem Klageruf der Armen, —
Pocht stürmisch bei dem Fluch der Sterbenden.
Versuch's und ruf' die Freunde zu den Waffen.

Angelos.

Nicht unser Blut soll Cyperns Erde tränken.
Von Englands nebelfeuchten Küsten tönt
Der Waffenlärm fern über's Meer heran,
Uns mahnend, muthig, stolz wie tapf're Männer,
Die Schmach, die man uns Christen zugefügt,
Mit unf'rem Schwert zu rächen. Englands König,
Der trotz'ge Richard Löwenherz schifft dort
Zum Kreuzzug nach Jerusalem sich ein.
Er will dem Saladin das heil'ge Grab,
Wie's ruhmreich Gottfried Bouillon vollbracht,
Und kühner noch, ein Rächer, neu entreißen.
Wir dürfen, wenn die Glaubensbrüder streiten,

In ihrem Schlachtgefolge nimmer fehlen.
Auf! Nieder mit den Saracenen sei
Der Kampfruf Cyperns und auch unf'res Königs!
Zieht Robert mit dem Heer in's heil'ge Land,
Dann leuchtet Cypern auf der Freiheitsmorgen.
Kehrt Robert aus dem Morgenlande wieder,
Dann bleibt der Hafen ihm allein verschlossen,
Und den Befreier soll die Krone schmücken.

Guido.

So tapfer ist der König nicht; er scheut
Nicht blos Beschwerden, fürchtet auch den Krieg.
Er wird nicht die verschwenderische Pracht,
Den Tanz und die Gesänge schöner Frauen,
Auch nicht die süße Rast auf seid'nem Pfühle
Mit dem bestaubten Lederzelt im Lager,
Mit dem Drommetenschall der Schlacht vertauschen.
Er zieht nicht nach Jerusalem, und Cypern
Wird schmachten, leiden in den alten Banden.

Angelos.

Die Boten Richards weilen schon am Hofe,
Sie suchen nicht, sie fordern trotzig Hilfe.
Der König muß sich dem Gebote fügen.
Du magst, wenn er noch schwankt, ihn überreden.
Wir aber wollen für den heil'gen Krieg
Das Volk entflammen. Reiche ihm die Hand,
Verbirg den Haß, der Dich ihn fliehen läßt.
Dem Wort des Bruders, der sich liebend naht,
Wird er sein schwer bedrängtes Herz erschließen.

Guido.

Schwer ist der Schritt, doch für das Glück von Cypern
Will ich, den Groll verläugnend, zu ihm treten.

Angelos
(sieht zurück).

Der König kommt.

Guido.

Lustwandeln wir am Hafen.

(Sie gehen Beide ab.)

(Robert tritt mit Arkas, Kleon und mit Höflingen auf.)

Robert.

Die Schwüle im Palast, die Staatsgeschäfte
Erschlafften meine Nerven. Ich bin müde.
Die Luft weht frisch, ich athme wieder auf.
Wie schelmisch spielt die lose Schmeichlerin
Mit meinen Locken, und wie sanft umkost
Die Flatterhafte meine heiße Stirne.

(Vergnügt lächelnd, für sich:)

Mir ist, als striche Doras weiße Hand
Hin über meine Stirne, und ich hörte
Den süßen Gruß der kleinen Schwätzerin.

(Er pflückt einige Blumen und gibt sie einem Höfling,
ihm zuflüsternd:)

Bring' ihr die Blumen, sag'; daß ich sie pflückte.

Kleon.

Der Sturm hat ausgetobt, die See ist ruhig,
Die Prachtgaleere ladet Dich zur Fahrt.

Robert.
Füllt mir den Becher mit dem Feuerwein
Und preßt hinein den Saft von der Granate.

Kleon.
Darf, Herr, die blonde Sängerin von Rhodos
Mit ihren Liedern heute Dich ergötzen.
(Ein Höfling bringt den Wein, Robert trinkt.)

Robert.
Zur Jagd! Man zäume mir die braune Stute.
Wir reiten längs des Strandes zu dem Walde.
(Er will abgehen.)

Arsias
(nähert sich ihm schüchtern).
Mein König, laß' mich kurz Dir noch berichten.

Robert
(unwirsch).
Belästige mich nicht mit neuen Bitten.

Arsias.
Die Abgesandten Englands, —

Robert.
Schweig. (Zu Allen:) Folgt mir!

Arsias.
Die Boten König Richards bitten Dich, —
(Er winkt, die Gesandten treten vor Robert hin.)
Sie gnädig anzuhören, — zu bescheiden.

Robert
(für sich, erzürnt).
Sie sind noch hier die rauhen, bärt'gen Krieger!
(Zu den Gesandten:)
Mein Kanzler trug mir Eure Bitte vor.
Die lange Rede will ich Euch erlassen;
Was Euer König fordert, kann ich nicht
Erfüllen. Zählt auf mich, auf Cypern nicht.
(Er winkt ihnen gnädig zu und will abgehen.)

Erster Gesandter.
Mit dem Bescheid verlassen wir nicht Cypern.

Zweiter Gesandter.
Er wird den König, unsern Herrn, erzürnen.

Robert
(stolz).
Ihr habt mein Wort vernommen, seid entlassen.

Erster Gesandter.
Wenn Du nicht selbst zum Schwerte greifen willst,
So laß' die Krieger mit dem Kreuzheer ziehen.

Robert
(erzürnt).
Ich sende keinen Mann in's heil'ge Land.

Zweiter Gesandter.
Du bist ein Christ!

Robert
(zu den Höflingen).
Ist schon mein Pferd gesattelt?

Erster Gesandter.
Du bist verpflichtet, für den heil'gen Glauben
Dein Gut und Blut zu opfern und zu kämpfen.

Robert
(höchst erzürnt).

Fort, Unverschämte! Fort! Aus meinen Augen!
Ich laß' mit Hunden Euch von Cypern hetzen.
(Er will fort.)

Beide Gesandte
(stellen sich ihm entgegen, ziehen das Schwert und drohen ihm).

Wir rächen diesen Schimpf.

Robert.
Ihr zieht das Schwert?
Vor mir? Ihr drohet mir? Das sollt Ihr büßen.

Einige Höflinge
(Robert umringend).

Laß' sie in Ketten legen.

Arltaß
(Robert begütigend).

Laß' sie frei.

Andere Höflinge
(zu den Gesandten).

Gebt Eure Waffen!

Beide Gesandte
(in fechtender Stellung).

Nehmt sie ab, — den Todten!

Robert.
Ergreift die Bären, in den Thurm mit ihnen.
(Die Gesandten werden nach kurzem Gefechte entwaffnet.)

Erster Gesandter.
Du hast in uns beschimpft den König Englands;
Er wird für diesen Hochmuth Dich bestrafen
Und unf're Fesseln lösen.

Alle.
Fort mit ihnen.
(Die Höflinge gehen mit den Gesandten ab.)

Arkas.
O König, widerrufe den Befehl.

Robert.
Dich trifft die Schuld, daß ich mich so erzürnte.
Wer hieß Dich diese trotz'gen Nordlandsrecken
Vor mich führen? Wer?

Arkas.
Ungestüm verlangten
Die Abgesandten Richards Dich zu sprechen,
Die Sache dränge und der Wind sei günstig,
Es fehle Dein Bescheid nur.

Robert.
Und Du wagtest,
Die gute Laune jetzt mir zu verscheuchen?
Du sollst mir nimmer das Vergnügen stören.
Verlasse meinen Hof. (Arkas geht ab.)
(Zu Kleon:) Ich jage nicht.

Die Sängerin mag ihre Laute stimmen,
Sie soll mit ihren Liedern mich erheitern.
(Er will gehen, als der Offizier des Hafens eilig auftritt.)
Du kommst in Eile, was hat sich begeben?

Der Offizier.
Ein Kriegsschiff ist in Sicht.

Robert.
Mit welcher Flagge?

Der Offizier.
Der brit'sche Löwe dräut mit seiner Pranke.

Robert.
Der Schooner steuert uns'rer Küste zu?

Der Offizier.
Mit vollen Segeln naht er schon dem Hafen.

Lileon.
Dann stach auf das Geheiß des Königs Richard
Das Schiff in unf're See, die Abgesandten
Nach London heimzuführen.

Robert.
Die Gefangenen?
Sie kehren nicht zurück. (Zum Offizier:) Sperr' ab den Hafen,
Den fremden Schiffen bleibt er jetzt verschlossen.

Der Offizier.
Doch wenn der Admiral den Einlaß fordert,
Wenn er die Landung sich erzwingen will?

Robert.
Dann weist ihr mit den Waffen ihn zurück.

Kleon.
Das däucht mir ein gefährlich Wagestück, —
Ein Friedensbruch; verletzt auch den Vertrag,
Den wir mit Richard Löwenherz geschlossen,
Kann uns in schlimme Händel schnell verwickeln.

Robert.
Die Flotte Richards schifft in's Morgenland,
Die feste Amathus wird nicht erbeben,
Wenn auch zum Sturm ein nord'scher Starrkopf bläst.
(Zum Offizier:) Du sperrst den Hafen ab, verstärkst die
Wachen.
(Der Offizier geht ab.)

Robert
(für sich).
Ein Kriegsschiff Richards kreuzt vor Amathus
Mich einzuschüchtern. Der Gewaltige
Will mich zum Kreuzzug zwingen. Dies allein?
Wildtrotzig ist der Brite, habgierig,
Er will die Krone Cyperns mir entreißen.

Kleon.
Umwölkt ist Deine Stirne. Brüte nicht.
Gesang und Tanz verbannen die Gedanken,
Die Dich befallen. Komm' in den Palast.

(Robert schweigt, geht zu einem Rosenstrauch, bricht eine Rose ab, beriecht sie und wirft sie unmuthig weg. Kleon bückt sich und hebt die Rose auf.)

Robert.
Du hebst die Rose auf?

Kleon.
Sie duftet noch.

Robert.
Wirf sie hinweg, brich eine andere.
Die dort am Strauche hängen, sind noch schöner.
Sie blühen alle, um uns zu ergötzen,
Gleichwie die Frauen! Locken sie uns nicht
Mit ihren Flammenblicken, Purpurwangen,
Wie mit dem süßen Duft die frischen Rosen?

Kleon.
Nur diese ist mir werth, da Du sie pflücktest.

Robert.
(Für sich)
Ob Dora auch so denkt? (Zu ihm:) Du Schmeichler! —
Nein!
(Er legt die Hand auf seine Schulter.)
Du bist ein treuer Freund! Dein Herz ist rein! —
Sprich offen, ist die Streitmacht stark genug,
Den Angriff Richards siegreich abzuschlagen?

Kleon.
Die eitle Sorge weckt in Dir den Unmuth?
Den Kriegsruhm Cyperns preist man überall.
Noch fechten in den Reihen uns'rer Krieger
Die Tapfersten der Edlen, kriegserfahren,
Bereit für Cypern und für Dich zu kämpfen.

Robert.
Mein Bruder nur zieht sich von mir zurück.

Kilcon.
Er ist Dein Gegner nicht.

Robert.
Doch leidenschaftlich;
Voll Ehrgeiz blickt er neidisch zu mir auf.
Sein unzufried'ner Sinn kann auch in And'ren
Den Mißmuth wecken.

Kilcon.
Treulos ist er nicht.
Er fühlt sich nur von Dir zurückgesetzt.
Hast Du ihn vor dem Hofe ausgezeichnet?
Zogst Du in Staatsgeschäften ihn zu Rathe? —
Er glaubt, Du liebst ihn nicht, mißtrauest ihm;
Du fürchtest ihn, weil er aus Scheu Dich flieht.
Seid ihr nicht Brüder, sollt ihr euch nicht lieben?
Schenk' ihm Vertrauen, und er wird Dein Freund.

Robert.
Vertrauen, — ihm? — Uns trennt ein Mädchenherz.
So lang es schlägt, ist friedlos unser Leben.
Nicht Thränen, Bitten können uns versöhnen.
Der Schmerz verschmähter Liebe weckt den Haß;
Ein Blick, ein Kuß des glücklich Liebenden
Zerreißen alle Bande, fordern Rache.

Lilcon.
Dann drohen Zwietracht, Mord, Verrath, Empörung
Das Glück des Inselreiches zu zerstören.
Man wird in Bruderblut die Speere tauchen;
Die Flamme, die in Aphroditens Hain
In heit'ren, schönen Tagen hoch aufschlug,
Wird, von der wilden Leidenschaft entzündet,
Die gold'nen Fluren Cyperns all' verheeren.

Robert.
Nicht meine Liebe bring' ich ihm zum Opfer.

Lilcon
(erregt).
Der Löwe Englands richtet sich empor,
Ingrimmig auf die Kämpfenden zu stürzen,
Die Meut'rer zu erwürgen, zu zerfleischen.

(Man hört in der Ferne Lärm.)

Robert.
Ein wüster Lärm erschallt vom Hafen her.

Lilcon.
Schon predigt man den heil'gen Krieg bei uns.

Robert.
Auch Du läßt Dich vom König Richard täuschen?
Er ist zum frommen Pilger nicht geboren.
Sein trotzig Wort gleicht stets dem Ruf zum Kampfe,
Ihm folgt der Griff an's Schwert, die rasche That,
Er ruft die tapf'ren Ritter auf, die Krieger,

Und schifft sie ein, das heil'ge Grab zu retten; —
Doch seine Habgier lenkt das Steuerruder,
Den reichen Schatz im Morgenland zu heben.

(Der Lärm dringt stärker heran.)

Kleon.
Die Waffen klingen, das Getöse wächst.

(Ein Höfling eilt herbei.)

Der Höfling
(zum König).

In Aufruhr ist das Volk. Es ruft nach Dir!

Robert.
Treibt mit Gewalt die Friedensstörer fort.

Der Höfling.
Ein fremdes Schiff läuft uns'ren Hafen an
Und droht, die Hafenkette abzusprengen.
Die Wache ist ergrimmt, greift zu den Waffen.

Kleon.
Man muß den folgenschweren Kampf verhindern.

Robert.
(Für sich:) Die Flagge Englands weht auf diesem Schiffe.
(Zu Beiden:) Ich will die Streitenden versöhnen; kommt,
Begleitet mich hinab zur Hafentreppe.

(Sie gehen Alle ab.)

Verwandlung.

Der Hafen von Amathus. Am Vordergrunde eine Terrasse, die zum Palaste des Königs führt. Von der Terrasse führt eine Treppe in den Hafen, den eine eiserne Kette versperrt. Vor dem Hafen liegt das Schiff Johannas. Im Hintergrunde Fernsicht auf das Meer. Am Hafenthor steht die Wache. Am Strande sammelt sich das Volk.

Einige im Volke.
Treibt sie zurück mit Steinen!

Andere im Volke.
Werft die Speere!

Einige vom Volke.
Schießt Eure Pfeile ab!

Einige Seeleute auf dem Schiffe Johannas.
Landratten, Ihr!
Euch hungert, holt bei uns den Speck.

Andere Seeleute auf dem Schiffe Johannas.
Kommt her!
Wir stopfen Euch das Maul mit faulen Fischen.

Der Offizier der Hafenwache
(zu seinen Kriegern).
Spannt Euren Bogen! — Legt die Lanzen aus!

Der Admiral Johannas.
Hebt auf die Hafensperre, laßt uns ein.
Wir sprengen sonst die Kette, hängen Euch
An ihr als Köder für die Haie aus.

Der Offizier des Hafens.

Ich fordere im Namen meines Königs
Zum letztenmal Euch auf: Hißt auf die Segel
Und steuert in die hohe See hinaus.
Wenn Ihr nicht weicht, so greifen wir Euch an.

Das Volk.

Laß' uns sie steinigen.

Der Offizier
(zum Volke).

Zieht Euch zurück.

Der Admiral Johannas.

Mit Pfeilen wollt Ihr uns, die Schiffbruch litten,
Verjagen? Ihr verhöhnt uns in der Noth?
Das Schiff ist leck, der Mast im Sturm geborsten;
Wir kommen heil nicht vor-, nicht rückwärts mehr,
Ein einz'ger Wogenschlag und wir ertrinken.
(Zu seiner Mannschaft:)
Auf! schwingt das Beil, haut ab den Kettenring!

Das Volk.

Zum Kampf!

Der Offizier des Hafens
(zu den Kriegern).

Schießt ab! — Ihr Lanzenknechte vor!
(Allgemeiner Tumult.)

Johanna
(tritt rasch auf das Bord des Schiffes).

Wer hat beschimpft die Flagge Englands? — Wer?
Sie ist zerfetzt.

Der Admiral.
Ein Pfeil hat sie durchlöchert.

Johanna.
Wer schoß ihn ab?

Der Admiral
(zeigt auf die Hafenwache).
Der Schurke von der Wache.
Man schloß den Hafen, weigert uns den Schutz.

Johanna.
Wer führt die Wache an?

Der Offizier
(zu ihr).
Verlaß' das Bord!

Johanna
(empört zu ihm).
Wer gab Dir den Befehl?

Der Offizier.
Der König Cyperns.

Johanna
(gebieterisch, vortretend).
Ich bin die Schwester Richards Löwenherz!
Erschließ' den Hafen, nimm die Kette fort.
(Guido tritt mit Angelos auf.)

Der Offizier.
Lenk' ab das Schiff vom Strand.

Johanna.
                          Gebot der König,
Auch mich vom Hafen abzuweisen? Sprich!

Der Offizier.
Kein Schiff darf jetzt an unf'rer Küste landen.

Johanna.
Wo ist der König? Sendet nach dem König!

Guido
(von der Treppe zu ihr).
Sein Bruder bietet Dir den Arm.

Johanna.
                          Kein And'rer, —
Der König soll mich zum Palast geleiten.

Guido
(zum Offizier).
Erschließ' den Hafen der Prinzessin Englands.

Der Offizier.
Ich folge dem Gebote meines Königs.
Ich öffne nicht den Hafen. Fort von hier.
(Guido geht mit Angelos ab.)

Johanna
(erzürnt).
Ihr Memmen fürchtet Euch vor einem Weibe?
Du magst den Hafen gegen Räuber schützen,
Nicht gegen mich. Ich komme nicht als Feindin,
Als Pilgerin; ich zieh' in's heil'ge Land.

Der Sturm zerschmetterte den Mast des Schiffes,
Die Meeresfluth warf uns an Cyperns Strand.
Hart wie die Felsenriffe Eurer Insel
Sind Eure Herzen, fremdem Leid verschlossen.
Ich fleh' Euch nicht um Schutz, um Hilfe an;
Die Schwester Richards bittet nicht, — sie fordert.
Ich weiche nicht, und zielt auf mich, versucht's!
(Robert tritt auf die Terrasse.)

Johanna

(zu der Mannschaft ihres Schiffes).

Stürmt an, eh' uns die Meeresfluth verschlingt.
(Sie nimmt einem Krieger das Schwert und schwingt es hoch.)
Mir nach, Ihr Tapferen! Zersprengt die Kette!

Alle

(schreien am Bord des Schiffes):

Hoch Richard! Hoch Johanna!
(Allgemeiner Tumult.)

Robert

(eilt zur Treppe und ruft):

Haltet ein!
(Sie stellen den Kampf ein.)

Robert

(zu einem Höfling).

Wer ist das Weib, das dort das Schwert erhebt?

Der Höfling.

Die Schwester Richards ist im Sturm gestrandet.

Robert

(ruft von der Treppe hinab):

Schließt auf den Hafen, setzt die Boote aus,
Geleitet die Prinzessin rasch hierher.
(Johanna verläßt das Bord des Schiffes. Man hört die
Hafenkette rasselnd niederfallen.)

Robert.

Verwünscht sei das Ereigniß! — Unbedacht,
Verwegen handelte der Hafenwächter.
Nehmt ihm die Fahne ab.
(Johanna betritt mit ihren Frauen die Treppe. Robert geht die
Treppe hinab und geleitet sie herauf.)

Robert.
   Sei mir willkommen!
Vergiß, —

Johanna
(stolz und vorwurfsvoll).

Empfängt man so die Schwester Richards?
Mit Speer und Schwert wie eine Räuberin
Greift man mich an. Unmenschlich, ohn' Erbarmen
Sperrt man den Hafen ab, gibt man das Schiff,
Das mit den Wogen kämpft, dem Sturme preis.
Mit Schimpf und Hohn weist man die Pilgerin,
Die Schwester Deines Freundes, Bundsgenossen,
Die mit dem Tode Ringende zurück.
Nicht königlich war Dein Befehl!

Robert
(für sich).
   Wie schön,
Wie würdevoll sie ist! (Zu ihr:) Du bist erregt.

In Deinem edlen Herzen zittern nach
Die Wogenschläge des erzürnten Meeres.
Der Sturm entflieht, das Meer schäumt nicht mehr auf.
In Dein Gemüth wird auch der Friede ziehen. —
Es kam vom Morgenland uns schlimme Kunde,
Die Pest, von Pilgern eingeschleppt, brach ein
In viele Städte, Tod und Schrecken bringend.
Ich ließ die Kette an den Hafen legen,
Den feindlichsten der Gäste abzuwehren.

Johanna.
Besorgt nur für Dein Leben, gibst Du And're
Dem sich'ren Tode preis? Das ist nicht christlich.

Robert.
Im gold'nen Sonnenglanze grüßt Dich Cypern.
Es streut Dir seine süßen Rosendüfte,
Umfächelt Dich mit seinen Palmenblättern.
Der Oelbaum streckt die Zweige Dir entgegen,
Er ladet Dich zur schatt'gen Silberquelle.
Und Rosmarin, Narcyssen spenden Dir,
Der Schwester Richards, ihre schönsten Blüthen.
Tritt ein in Aphroditens Liebesgarten.

Johanna.
Du sahst in Richards Schwester eine Feindin?
Mich sollte nicht das Zauberland entzücken?
Kam ich, die Meeresperle Dir zu rauben?

Robert.
Mein Wille war es nicht, daß meine Krieger, —

Johanna
(rasch).

Mit Pfeilen mich begrüßten?

Robert
(bestrickend).

Deine Blicke
Versenden Pfeile auch, doch zürnt man nicht,
Wenn sie verwunden, süßen Schmerz erwecken.

Johanna
(für sich).

Wie ritterlich! — Bezaubernd ist sein Blick!
(Zu ihm:) Sie werden Dir nicht eine Wunde ritzen.
Die Pfeile Amors treffen sicherer;
(forschend.) Du weißt wohl auch, wie tief in's Herz
sie dringen?

Robert
(zärtlich).

Wie man die Wunden, die sie schlugen, heilt.

Johanna.

Die Sonne sinkt, weis' uns ein gastlich Dach.

Robert.

Du bist ermüdet, gönne jetzt Dir Ruhe.
Beglücke mich, vertraue, holder Gast,
Mir Deine Wünsche.

Johanna.

Mir nicht, wende Deine
Sorgfalt den Frauen zu, den Schiffsgenossen.

Robert.
Sie stehen Alle unter meinem Schutz.
Reich' mir die Hand, folg' mir in den Palast

Johanna
(wendet sich befangen ab; für sich.)
Es wankt mein Fuß, es zittert meine Hand.
(Zu einer ihrer Frauen:)
Gib mir den Schleier.
(Sie wirft den Schleier um das Haupt.)

Robert
(für sich).
Welch' ein edler Stolz!
Noch ist die tief Verletzte nicht besänftigt.
(Zu ihr:) Du grollest noch?

Johanna
(entrüstet).
Ich soll die Schmach vergessen,
Die an der Flagge Englands man verübt?
Kein Brite würde dulden diesen Schimpf,
Ein Jeder zückt den Stahl ob solchem Frevel.
Wenn ich auch meinen Groll besiegen könnte,
Mein Bruder wird doch mit dem Schwerte rächen,
Was Du im Uebermuth mir zugefügt.

Robert.
Der Stolz des Kriegers ist sehr leicht verletzt.
Er schützt sein Recht, die Ehre mit dem Schwerte.
Doch wir, die nur entzweit ein Mißverständniß,

Wir können anders schlichten unf'ren Streit.
Das milde Wort des Reuigen versöhnt
Den Gegner, den wir unbedacht gekränkt.
                (Er nähert sich ihr und ergreift ihre Hand.)
Wenn ich Dich bitte, jetzt mir zu verzeihen,
Dann kannst Du, sollst Du auch die Schmach vergessen.
(Johanna, die unbeweglich vor ihm steht, entzieht ihm
            rasch die Hand.)

Robert
(tritt rasch zurück; für sich).
Sie tritt zurück! Entzieht mir ihre Hand!

Johanna
(schreitet dem Palaste zu, bleibt aber plötzlich stehen; für sich).

Ich kann dem Zauber seines Blicks mich nicht
Entziehen, der bei ihm zurück mich hält.
Ich war zu hart. Er kam mir zart entgegen.
Er sprach so innig. Herzlos ist er nicht.
                (Sie kämpft mit sich.)
Ich kann ihn nicht verlassen, hier nicht bleiben.
Ich darf ihm nicht verrathen, was ich fühle.
                (Sie winkt einer ihrer Frauen.)
Reich' mir den Arm, geleite mich hinein.
                (Sie weist auf den Palast und geht ab.)

Robert
(höchst entrüstet).
Sie wies den König ab! Vor seinem Hofe! —
Ich beuge Dich, Du stolze, kalte Britin! —
Will Deine Schönheit, — o nicht blos bewundern!
                (Er folgt ihr nach.)

        (Der Vorhang fällt.)

Zweiter Aufzug.

Garten im Hause Doras.

(Guido tritt auf.)

Guido.

Die Pulse fliehen rascher, Wonneschauer
Durchzittern mich, ich trete in den Garten,
In dem die Heißgeliebte mich erwartet.
Die würz'ge weiche Luft, in der sie athmet,
Umfächelt kühlend meine heiße Stirne;
Ich kann dem Zauberkreis nicht mehr entfliehen,
Betäubt vom Duft der Blumen, die sie pflanzte,
Umflattert von den kleinen Waldessängern,
Die sie heran mit ihren Liedern locken. —
Hier unter den Cypressen schritt sie hin,
Ihr schönes Lockenhaupt in Schwermuth neigend;
Hier dachte sie, die Herrliche, an mich!
An mich allein? — Nicht auch an ihn? — An ihn!
In heißer Liebe nicht! In edlem Zorn,
Des Weichlings spottend, der vor jedem Täubchen
In Siegeszuversicht die Federn sträubt. —
Die Holde kommt noch nicht! Sie zögert lange.
Die Schüchterne verbirgt sich im Gebüsch.
Der Falter scheut sich in das Netz zu fliegen.
Er gaukelt schon in einem Liebesgarn?
Hat Roberts Lockruf ihren Sinn verwandelt?

Vergaß sie an der Brust des falschen Schmeichlers,
Daß ihr der Liebende zu Füßen liegt? —
Durchzuckt die Liebesflamme nicht ihr Herz?
Die Arglist'ge bethört und täuscht uns Beide? —
Fort mit dem Argwohn, den die Eifersucht
In meinem Busen weckt. O komm' Geliebte!
Komm', edle Dora! Du belügst mich nicht.
Dein Antlitz ist der Spiegel Deiner Seele.
Es lächelt hochbeglückt und auch entzückend.
Du liebst! Du liebst nicht ihn, liebst mich allein!
(Er sieht in das Gebüsch.)
Wer biegt den Myrthenzweig zurück?
(Robert tritt hervor.)

Guido
(überrascht für sich).

Mein Bruder!

Robert
(mit Hohn).

Du hältst hier Wache, um mich zu beschützen?

Guido.

Droht Dir Gefahr?

Robert.

Verliebte handeln oft
Im blinden Wahn, bedrohen selbst den Freund,
Wenn er sie warnen will, mit ihren Waffen.

Guido
(mit Spott).

Du suchst als treuer Freund jetzt Dora auf,
Vor einem Falschen willst Du sie behüten?

Robert.

Mein Rath gilt Dir, nicht ihr. Du bist verblendet,
Gefesselt von den Reizen einer Schönen,
Die herzlos, treulos ist und Dich betrügt.

Guido.

So schmähst Du Dora und buhlst doch um sie?

Robert.

Die List'ge schlägt mich nicht in ihre Fesseln.

Guido
(für sich).

Schlau ist der Fuchs, doch schlauer, der ihn fängt.

(Zu ihm:)

Wie Du die Holde schilderst, ist sie nicht.
Ihr seelenvoller Blick, der mich begrüßt,
Verräth die Liebe, die sie noch verschweigt;
Ihr Herz pocht lauter, wenn zu ihr ich spreche,
Ich fühle, daß es mir entgegenschlägt.

Robert
(für sich).

Sie könnte mich verstoßen und ihn lieben?

(Zu ihm:)

Du glaubst, daß sie Dich liebt? Der Leichtbethörte,
Der eitle Jüngling muß erfahren erst,
Wie trügerisch ein Blick, ein schalkhaft Lächeln,
Ein süßes Schmeichelwort der Frauen ist.

Guido.

Du blickst mitleidig und auch überrascht
Den Glücklichen und den Betrog'nen an.
Du würdest küssen doch die schöne Hand,
Die mit dem Dorn der Rose Wunden ritzt; —
Auch würdest Du der Lieblichen nicht zürnen,
Wenn kalt und spröde bald vor Dir sie flieht,
Bald anmuthsvoll Dir wieder naht und sanft
Den Finger auf den Mund Dir legt und spottend
Darüber lacht, daß Du verschweigen mußt,
Was tief Dein Herz bewegt und was Du leidest.

Robert.

Fürwahr ein heit'res Spiel dies Liebeständeln!
Es mag den Jüngling ködern und entzücken,
Es reizt und fesselt aber keinen Mann.
Ich warb nicht um die Gunst der Schmeichlerin.
Ich kam und siegte über sie.

Guido
(für sich).
Der König! —

Robert.

Den gold'nen Faden, den ich selbst gesponnen,
Mit dem ich ihre Flügel band, sie lenke,
Hast Du noch nicht gelöst. Ich lasse flattern, —
Doch fliegen nicht, wohin die Lose will.
Der Vogel, den ich zähmte, singt die Lieder,
Die ich ihm lernte, nicht dem Schwärmer vor.

Guido.

Du liebst sie nicht, Du willst sie nur beherrschen.
Sie soll bewundern den Gebietenden,
Den stolzen Sieger über Frauenherzen.
Doch meine Liebe gibt ihr Kraft und Muth,
Den wilden Stürmer siegreich abzuwehren.

Robert
(hoch erzürnt).

Der Lüsterne, der Räuber schleicht hier ein,
Um mit Gewalt mir Dora zu entführen.
Du sollst die schöne Beute nicht erringen.
Bist Du so kühn wie liebestoll, wohlan,
So ziehe gegen Deinen Herrn das Schwert.

Guido.

Ich kämpfe nur mit Dir mit Liebeswaffen.

Robert.

Mit giftgetränkten Pfeilen der Verläumdung?

Guido.

Sie trafen oft das treue Herz des Bruders.

Robert.

Die Pfeile schnellten ab von Deinen Bogen;
Sie prallten ab vom Ziele Deines Hasses
Und flogen auf den feigen Schützen hin.

Guido
(erzürnt).

Du willst den läst'gen Nebenbuhler tödten.
(Er zieht das Schwert.)

Der Feigling setzt für Doras treue Liebe,
Für seine Ehre jetzt sein Leben ein.
(Robert zieht das Schwert. Sie kreuzen die Waffen.)

Dora
(noch im Gebüsch).
Es klirren Waffen!

Guido
(ausfallend).
Für sie in den Tod!

Robert.
Komm' an, ich bohr' den Stahl Dir in das Herz!
(Sie fechten.)

Dora
(tritt hervor).
Wer ficht in meinem Garten? (Entsetzt) Robert! — Guido!
(Sie tritt zwischen Beide.)
Steckt ein das Schwert.
(Beide halten inne.)

Guido
(zu Dora).
Vor Dir streck' ich die Waffe.

Dora.
Mit Bruderblut wollt Ihr die Schwerter färben?
Mit haßerfülltem Blick, wie Todfeinde
Steht Ihr Euch gegenüber; Eure Hand

Noch bebt, die, ausgeholt zum Todesstreich,
Jetzt widerstrebend läßt die Waffe sinken.
Ihr wollt Euch nicht versöhnen, wollt Euch tödten,
Die Beide eine Mutter liebend pflegte,
Die selber einst sich fest umschlungen hielten? —
Wer griff zuerst zum Schwert? Wer brach den Frieden?
(Zu Robert:)
Rieffst Du, der König, ihn zum Kampf heraus,
Der schirmen soll das Recht im Cypernlande? —
(Zu Guido:)
Hast Du verletzt den König pflichtvergessen,
Der ihm gehorchen, — der ihn lieben soll?
(Zu Beiden:)
Warum seid Ihr zu blut'gem Streit entbrannt?

Robert.
Du bist der Siegespreis der Kämpfenden.

Dora.
Wie freventlich! Der Zweikampf soll entscheiden,
Wo die Geliebte sich den Freier wählt.
Entsetzlich, wenn in blinder Kampfeswuth
Der Sieger das geliebte Herz getödtet!
Der wilde Haß flammt auf in Eurer Brust,
Die Liebe ist nicht Euer Kampfpanier!

Guido
(zu Dora).
Nicht rachedürstend schwinge ich die Waffe,
In Lieb' entbrannt, Dich Holde zu erringen.

Nicht Er, kein And'rer soll an's Herz Dich drücken.
O Herrliche! Laß Dir mich huldigen.
(Er kniet vor sie hin.)
Gib, Heißgeliebte, mir ein Gnadenzeichen.
Berühr' mein Schwert.
(Er reicht ihr das Schwert hin.)
Ich weih' es Dir allein!
Laß mich Dein Ritter, Dein Beschützer sein.

Robert
(tritt auf ihn zu).
Das wagst Du vor dem König? Gib Dein Schwert.

Guido.
Entreiß' es mir im Kampf.

Robert.
Rebell! Gehorche!

Dora
(nimmt Guido das Schwert ab und stellt sich schützend vor ihn.)
Sein Schwert ist mein und ich beschütze ihn.
Er weilt in meinem Garten, ist mein Gast.

Robert.
Gib ihm, Verführerin, das Schwert zurück.
Er trägt es für den König, für das Land.

Dora.
Er schwingt es jetzt für mich, ist mein Vasall!

Robert
(höchst erzürnt).

Verrätherin, umfasse Deinen Buhlen.
Blick' mich nicht an, blick', Heuchlerin, zu Boden.
Dein Auge glüht in wilder Leidenschaft,
Die Dich an's Herz des feigen Knaben treibt.

(Zu Guido:)

Liebkose sie, vertraue ihren Schwüren,
Die list'ge Schmeichlerin wird wie den König,
Auch bald den Eifersücht'gen hintergehen.

Dora.

Hast Du mich je geliebt? — Du wolltest nur,
Wie Du im Spiel und Trotz die Rose brichst,
Zerpflückst, mit einem Mädchenherzen spielen.

Robert.

Du klagst den König des Verrathes an?
Stirb, Schlange, an dem Herzen Deines Buhlen.

(Er will sie erstechen.)

Dora
(erfaßt Guido).

Fort! mit mir in das Haus.

(Sie eilen Beide in das Haus.)

(Robert folgt ihnen nach; ein alter Diener tritt ihm an der Pforte des Hauses entgegen.)

Der Diener.

Was sehe ich!
Der König dringt mit blankem Schwert in's Haus!

Robert
(tritt betroffen zurück).
Das Hausrecht schützet sie und ihren Buhlen.
(Der Diener geht in das Haus hinein.)
Robert
(allein, erzürnt).
Der König machtlos, wenn er strafen will;
Der Liebende verstoßen und verhöhnt, —
Gehaßt vom Bruder, mit dem Schwert bedroht! —
Der Tod nur tilgt die Schmach! — Blut nur sühnt sie!
Blut nur den Bruderhaß, gebroch'ne Schwüre!
Und auch ihr Blut soll fließen! Rache! Rache! —
O Heuchlerin! Wie stolz, wie falsch warst Du!
Du reichtest gnädig mir die Hand zum Kuß,
Den Jüngling aber schlossest Du an's Herz.
Von seinen Lippen tönen süß're Worte?
Der Liebeselige gehorcht dem Weibe,
Fügt sich geschmeidig jedem seiner Winke?
Er ist verliebt, zu weichlich, kann nicht herrschen.
Sie sah in mir den Mann und floh den Meister.
Ich sollte ihre Reize nur bewundern.
Ha! Wie die Britin mich zu blenden sucht!
Auch dieses eitle Weib will mich beherrschen.
Wie mich die Schwester Richards vor dem Hofe
Mit kalter, stolzer Miene von sich wies;
Wie sie im Hochmuth mir die Hand entzog,
Vor mir das Angesicht verschleierte;
Und wie sie ohne einen Gruß zu spenden,
Als wäre sie hier die Gebieterin,

Die Schwelle des Palastes überschritt.
O daß ich diesen Schimpf von ihr erlitt!
Doch sie verfällt wie Dora meiner Rache.
Ich strecke vor der Britin nicht die Waffen.
Ich beugte mich doch nie, auch nicht vor Weibern,
Auf deren Wangen schön're Rosen blühten,
Und deren Augen stolzer, feuriger
Als die der Britin mir entgegenstrahlten.
Ich will mit Liebesblicken, Schmeichelworten
Den eitlen Sinn Johannas so verwirren,
Daß sie auch nicht erräth, ob ich sie liebe,
Ob ich sie täuschen will, daß sie im Netz,
Das ihr der Meister stellt, sich bald verstrickt.
Ich will Johanna vor mir knieen sehen.

(Er geht rasch ab.)

Verwandlung.

Prachtvoll ausgeschmücktes Gemach mit der Aussicht auf die
mondbeglänzte See.

(Johanna tritt mit Mathilde auf.)

Mathilde.

Ah! Welche Pracht! Es funkelt überall.

Johanna.

Der König weilt sehr gern in dem Gemach.

Mathilde.

Er hat es Dir zum Aufenthalt bestimmt;
Er selbst befahl, wie man es schmücken soll.

Johanna.
Er selbst! (für sich:) Ach! Wie beschämt sein Zartsinn mich!

Mathilde
(zeigt herumgehend auf die Gegenstände des Gemaches).
Wie schön gestickt sind diese Teppiche.
Ein Kunstwerk schöner, zarter ind'scher Frauen. —
Da sieh den Tisch, aus Rosenholz geschnitzt,
Die Platte, ausgelegt mit Elfenbein. —
Und dort die gold'nen Becher, Schmuckkästchen. —
Wie duftet frisch der Hyacinthenstrauß!
Der kleine, graue Papagei kreischt auf
Und schlägt mit seinen Flügeln, voll Verlangen,
Daß ihn liebkost die fremde, neue Herrin.
Reich' durch den Käfig ihm den Finger hin.

Johanna
(unwirsch)
Er schwätzt so viel wie Du.

Mathilde.
Du freust Dich nicht?
Du hast kein Auge für die Schätze hier?

Johanna
(erblickt eine Kette auf einem Tische).
Wie kommt der Frauenschmuck hierher, die Kette?

Mathilde
(nimmt die Kette, betrachtet sie und reicht sie ihr).
Die zierliche Venetianerkette
Wird mit den Perlenschließen Deine Locken,
Doch besser noch den schlanken Hals Dir schmücken.

Johanna.
Ich liebe solchen Tand nicht, leg' sie weg.
(Mathilde legt die Kette auf den Tisch.)

Johanna
(für sich).
Vergaß ein Liebchen sie mit fortzunehmen?
Ich habe noch kein Recht, darob zu zürnen.
Ich muß es aber zu erforschen suchen.

Mathilde.
Du bist so wortkarg, ernst. Erheit're Dich.
Ich bringe Dir die Harfe, sing' ein Lied.

Johanna
(abwehrend).
Der Sturm zerriß die Saiten meiner Harfe.
(Für sich:)
Ach! Düster, wehmuthsvoll ist mein Gemüth,
Ich kann kein heit'res Lied zur Harfe singen.
(Zu ihr:)
Geh' jetzt. Ich bin ermüdet, will hier ruhen.
(Mathilde geht ab.)

Johanna
(allein; sie tritt in die Mitte des Gemaches und betrachtet
es ringsum; bewegt):
Er selbst ließ das Gemach so reich verzieren.
Für mich! Für mich! — Er denkt an mich? An mich?
Wenn ich mich täusche? Liebt er nicht den Prunk?
Er will dem Gaste seine Schätze zeigen.

Das Wort, der Blick der Höflinge verräth,
Daß man die Schwester Richards hier nicht liebt.
Auch er umgibt mich nur mit diesen Schätzen,
Weil ich die Schwester eines Königs bin. —
Die Pracht in dem Gemach beengt mein Herz.
Ich fühle mich so einsam, so verlassen.
Der Sonnenstrahl, der mich in Cypern blendet,
Verjagt daheim wie einen flücht'gen Nebel
Die tiefe Schwermuth und erwärmt das Herz.
Fort zieht es mich, zur theuren Heimat hin!

(Sie tritt an das Fenster.)

Entführet mich, ihr mondbeglänzten Wogen,
Zum fernen Norden, zu den Birkenwäldern,
Zur sand'gen Düne, zu den freien Briten.
Ihr Felsgebirge breitet eure Schleier
Um's Haupt mir wieder; lauschet, Waldesquellen,
Vertraut mir, was die schlanken Erlen flüstern,
Wenn dunkelroth die zack'gen Firnen glühen,
Im Sonnenbrand das Eis der Schluchten schmilzt.
Umschlinget, silberfüß'ge Elfen, euch
Zum Tanz im duft'gen Wiesengrunde, wiegt
Mich in die Träume meiner Kindheit ein.
Blast, Winde, in die Segel! Bringt mich heim!

(Nach einer kurzen Pause:)

Ich kann nicht fort! Wenn ich auch heimwärts schiffte,
Die Sehnsucht führte wieder mich hierher.
Es treibt mich fort von hier, hält mich zurück.
Befangen ist mein Sinn und mich beschleicht
Ein trübes Ahnen, räthselhaftes Bangen,

Ob mir nicht ein Verhängniß, Unglück droht,
Wenn ich in Cypern länger noch verweile.
(Ein Falke, von einem Pfeil getroffen, fällt durch das Fenster ihr
   todt zu Füßen. Sie eilt mit einem Aufschrei hinweg.)
Zu Hilfe! Hilfe!

Robert
(stürzt herein).
Du bist bleich! Du bebst!
Ich habe Dich erschreckt, ich trag' die Schuld.
(Er zeigt auf den todten Falken.)
Ich schoß herab den Falken von der Zinne;
Der Räuber wollte mir die junge Taube,
Die dort im Neste schlummerte, erwürgen.

Johanna
(besieht lächelnd den Falken).
Ich zitterte vor einem todten Falken.
(Für sich:)
Er kam sogleich auf meinen Hilferuf.

Robert.
Der Vogelräuber nicht, der schrille Ton,
Als von der Bogensehne sprang der Pfeil,
Erfüllte Dich mit Angst. (Zärtlich:) Du zürnst mir nicht?

Johanna.
Du hast den Liebling doch beschützt.

Robert
(geringschätzig).
Ein Thier!

Johanna.

Du schämst Dich wohl, daß Du befreit ein Thier,
Dem ja doch auch ein Herz, ein warmes, schlägt,
Das uns vertheidigt, nützt und uns ergötzt,
Das man gering so schätzt, nicht selten quält?

Robert.

Du bist sein warmer, reizender Beschützer.

Johanna.

Das ist die altgerman'sche Völkersitte;
Das Mitleid fragt nicht, ob der Hilfsbedürft'ge
Uns ebenbürtig, uns'res Schutzes werth, —
Es ist verschwistert mit der Menschenliebe.

Robert.

Des Mannes Mitleid kann den Feind versöhnen,
Das Mitgefühl des Weibes weckt die Liebe.
Erwacht in einer Jungfrau das Erbarmen,
Verklärt die Himmelsmilde ihr Gesicht,
Aus ihren Schultern wachsen Engelflügel,
Und wer sie schaut, der muß vor ihr sich beugen.
Selbst Amor lächelt schlau, spannt seinen Bogen,
Wenn sie sich bückt, wenn ihre zarte Hand
Den Balsam auf die off'ne Wunde träufelt,
Die Mitleidsthräne aus dem schönen Auge
Die bleiche Stirn des Leidenden benetzt.

Johanna
(mit leichtem Spott).

Der Gott, der Dir die Wunde schlug, hat Dir
Wohl auch die Samariterin gesandt,
Die Deine Schmerzen linderte und heilte?

Robert.

Der Spott von schönen Lippen bohrt sich tiefer
Als Amors spitzer Pfeil in unser Herz.
Kein Trost, kein Mitleid sänftigt seinen Schmerz.

Johanna.

Doch Euer herrisch Wort dringt wie ein Speer
In's weiche Frauenherz; Euch kümmert nicht,
Wie groß, wie tief sein Leid, ob es verblutet.

Robert.

Erwecken Sorge, feindliche Gewalten,
Die uns zum Kampfe fordern, Kummer, Stolz
In unf'rem Herzen, dürft ihr zürnen wohl,
Wenn uns vor Euch ein hartes Wort entschlüpft?
Wir wollen nur vom Unmuth uns befreien.

Johanna.

Und doch entflammt Ihr oft und leicht zum Streit.

Robert.

Wenn Euer Widerspruch dazu uns reizt.

Johanna.

Läßt ihr dann nicht uns Schwachen Eure Stärke
Und ohn' Erbarmen unf're Ohnmacht fühlen?

Robert.

Seid Ihr nicht schuld, wenn sich die Rosenhülle
Vom Liebespfeile löst, und er das Ziel
Nur flüchtig streift, uns keine Wunde ritzt?

Doch siegt Ihr stets mit Euren Zauberwaffen.
Ihr deckt Euch sicher mit dem Schild der Liebe, —
Ein Liebesblick entwaffnet auch den Kühnsten!

Johanna.
Dich traf doch schon manch' süßer Frauenblick?

Robert.
Ich fühle jetzt, wie mächtig seine Zauberkraft, —
Wie er beglücken, hoch entzücken könnte.

Johanna.
Doch täuscht er auch, verräth nur oft das Glück,
Das zu verbergen sucht die Liebende.
Ruft wach ein Wort, die Miene eines Freundes
Das süß Gedenken ihres Heißgeliebten,
Dann spricht das Auge das Geheimniß aus.

Robert.
So denkst Du jetzt —

Johanna
(rasch).
An Keinen, der Dir gleicht.

Robert
(feurig).
Wer könnte, Holde, so wie ich Dich lieben?

Johanna.
(erblickt die Kette auf dem Tische; für sich:)
Die Kette! — Ha! — Was kann er mir dann sein?

(Zu ihm, leicht erregt auf die Kette zeigend:)
Die Kette trägst Du leicht?

Robert
(für sich überrascht).
Die Kette hier!

Johanna
(stolz).
Du schweigst? Vergaß wohl eine Leichtbethörte
Dies Liebespfand von hier mit sich zu nehmen?

Robert
(für sich).
So stolz trat sie im Hafen vor mich hin.
(Zu ihr:)
Sie schlang sich um die Locken einer Theuren,
Die innig an mir hing, mich treu geliebt.

Johanna.
Du konntest dennoch von der Holden lassen?

Robert.
Nicht der Verrath, der Tod entriß sie mir.

Johanna.
So liebtest Du?

Robert.
So heiß, so tief beseligt,
Wie ich noch einmal wieder lieben möchte.

Johanna.

Wie Du die Theure einst geliebt, so treu,
So glühend wirst, kannst Du kaum wieder lieben.
Die Todte lebt in Deinem Herzen fort.
Zerbrich die Kette, die an sie Dich fesselt,
Wirf sie hinab ins Meer.

Robert.

Das ford're nicht.

Johanna.

Du kannst Dich von dem Liebespfand nicht trennen?

Robert.

Niemals! — Gedenk' ich doch, wenn ich sie küsse,
Der heißgeliebten Mutter.

Johanna

(betroffen und gerührt).

Deiner Mutter! —

Robert

(weich).

Die Thräne fließt um sie aus Deinem Auge;
Laß' mich die Hand, auf die sie niederfiel,
An meine Lippen drücken. Reich', Johanna,
Mir Deine Hand.

Johanna

(für sich).

Er könnte lieben mich!
Nur mich! — (Zu ihm:) Vergieb, daß ich so tief Dich
          kränkte.

(Sie reicht ihm die Hand.)

Robert

(küßt ihre Hand).

O schöne Hand, daß sie mir nie es wehrte,
Wenn einmal ich den Brautschmuck meiner Mutter
In Deine blonden Locken flechten möchte.

(Er löst ihr das Lockenhaar und schmückt es mit der Kette.
Die Hand wieder küssend:)

Entzieh' sie mir nicht wieder. Ich will immer,
In schweren Tagen, wenn ein tiefes Leid
Den Dornenkranz auf's müde Haupt Dir setzt, —
Wenn mich umstrahlt das Himmelslicht der Freude, —
An's treue, lieberfüllte Herz sie drücken.

(Er umfaßt sie.)

Der Meeressturm trieb Dich an Cyperns Küste,
Die Liebe lootste Dich in meinen Hafen.
An meinem Herzen kannst Du friedlich ruhen.

(Johanna sinkt an sein Herz.)
(Man hört in der Nähe ein Mädchen singen.)

Johanna

(auflauschend).

Wer singt das schöne Lied dort im Gemach?

Robert.

Ein junges Mädchen von der Insel Rhodos.
Ich lud es an den Hof, uns zu ergötzen.

Johanna.

Du bist ein Freund von heiteren Gesängen.
Dann will auch ich ein Lied zur Harfe singen.

Robert.
Entzücke mich mit Deinen süßen Liedern.

Johanna.
Verweile, Freund, ich hole mir die Harfe.
(Sie geht in das Gemach.)

Robert
(ruft ihr nach):
O komm' mit mir, Du Holde, auf den Söller.
(Im Abgehen.)
Mein ist die Stolze, — mein die schöne Britin! —
(Man hört einige Harfentöne.)

(Der Vorhang fällt.)

Dritter Aufzug.

Garten in dem Palaste des Königs.

(Robert, Kleon treten auf.)

Robert.
Ist mein Befehl vollzogen?

Kleon.
　　　　　　Nicht durch List,
Nur durch Gewalt ward Dora zur Gefang'nen.

Robert.
Man brachte sie in's Felsenschloß am Meere?

Kleon.
Sie weilt dort, von den Kriegern streng bewacht,
Verwünscht den Tag, der Dich ihr zugeführt.

Robert.
Die stolze Schöne wird mich nicht mehr sehen,
Auch das Gefängniß nimmermehr verlassen.
Dort soll sie um den Buhlen klagen, weinen,
Gedenken auch, wie treulos sie gehandelt.
Die Adler, die um ihren Erker kreisen,
Zum Flug die Schwingen breiten, werden stets
Den Freiheitsdrang in ihrem Herzen wecken.
Der Tod erlöst sie nur von dieser Qual. —
Schlug man auch ihn in Fesseln, den Rebellen?

Kleon.

Dein Bruder war entflohen, als wir Nachts
Das Haus des Angelos, der ihn verbarg,
Erstürmten.

Robert.

Angelos heißt der Verweg'ne,
Der den Geächteten zu schützen suchte?

Kleon.

Er hat mit unzufried'nen Edelleuten
Sich gegen Dich verschworen, schürt den Haß,
Den Ehrgeiz in dem Herzen Deines Bruders.

Robert.

Der Hinterlistige will mich entthronen.
Er soll es nicht. Durchforscht das ganze Land,
Die Schiffe und bewacht die Meeresküste.
Nun geh', biet' alle meine Krieger auf.
Der Flüchtige darf Cypern nicht verlassen.
Auch fahnde nach den Mitverschworenen.

(Kleon geht ab.)

Robert
(allein).

Sein böser Sinn trieb ihn aus Doras Haus.
Der Meuchelmörder birgt im Wams den Dolch
Und schleicht in den Palast sich ein. Komm' nur,
Du bist bewacht, Verräther.

(Guido tritt als Bettler verkleidet auf.)

Guido
(für sich).

Er ist hier!
Ich könnte ihn jetzt tödten, — Dora rächen!
(Er zückt den Dolch, läßt ihn aber wieder sinken, zieht sich in
das Gebüsch zurück und belauscht Robert.)
Sein Herz scheint schwer bedrängt; ich will erspähen,
Ob Haß, ob Liebesqual es jetzt erfüllt.

Robert
(der sich nachdenkend auf einen Baumstamm stützte, tritt wieder vor).

Johanna zieht sich scheu vor mir zurück.
Sie schweigt; sie schmollt, weicht meinen Blicken aus.
Regt wieder sich der Stolz in ihrer Brust?
Ist sie auch launenhaft? Die Eitle will,
Daß man sich beuge und ihr huldige? —
Doch gleicht sie nicht den flatterhaften Schönen,
Den Flämmchen in dem Garten Aphroditens,
Die mich Irrlichtern gleich umschwebten, neckten,
Schnell, wie sie aufgeleuchtet, auch erloschen.
Wie himmlisch milde ist Johannas Blick!
Vor seinem mächt'gen Zauberstrahl zerfließen
Wie Schemen die verlockenden Gestalten;
Das sanfte Feuer ihres schönen Auges
Zerschmilzt die Ringe ihrer Liebesketten.
Ich liebe sie, wie ich noch nie geliebt!

Guido
(für sich).

Wie Dora, so belügt der Abenteurer
Nicht nur die Schwester Richards, auch sich selbst.

Robert.

Sie kann noch traurig sein, wenn ich sie liebe?
Mit Stolz soll meine Liebe sie erfüllen.
Ihr Sinn ist kühl, ihr Herz schlägt nicht so warm,
Wie jetzt für sie das meine! Sucht sie nur
Mit ihren Reizen mich an sich zu fesseln,
Um unter ihren Willen mich zu beugen?
Ich unterwerfe mich dem Weibe nicht.
Sie ist, mag sie sich auch dagegen sträuben,
Mir durch die Liebe unterthan.

Guido
(für sich).
Noch nicht.

Robert.

Ich bin der Mann, sie ist ein schwaches Weib.
Mein Wunsch sei ihr Befehl, zu dienen mir
Die süße Pflicht; doch über sie zu herrschen,
Sie zum Gehorsam zwingen ist mein Recht. —
Sie tritt in meinem Land als Herrin auf,
Ihr hartes Wort verletzt die Höflinge.
In Cypern herrsche ich, nur ich allein.
Sie mag gebieten ihren Dienern, Frauen,
Vor mir doch und vor meinen Würdenträgern
Muß sie wie jedes Weib im Land sich neigen.
Sie soll, sie wird sich meinem Willen fügen! —
Die Hand des Cypriers, die ohne Scheu
Die Schleife der Sirene raubte, bebt
Auch nicht, wenn sie den Elfenschleier lüftet! —

(Er schreitet rasch auf das Gebüsch zu, in dem sich Guido
verbirgt; für sich:)
Ein Bettler!
(Er zieht Guido aus dem Gebüsch hervor.)
Schurke! Du hast mich belauscht!
(Guido will sich entfernen.)
Weich' nicht von hier.
(Er zieht das Schwert und setzt es ihm auf die Brust.)
Wer sandte Dich? Du schweigst?
Nun denn, ich zahle Dir den Späherlohn.
(Er zieht das Schwert zurück; für sich:)
Es ist ein Stummer! Kann mich nicht verrathen.
Er bettelt nur.
(Er wirft ihm eine Münze zu.)
Trink' auf des Königs Glück!
(Er geht rasch ab.)

Guido
(erhebt sich).

Die Spitze seines Schwertes hat die Brust,
Die schwer den Racheschrei verbarg, berührt.
Die Maske schützte vor dem Tode mich.
Er war in meiner Hand. Ein Dolchstoß nur,
Und der Gehaßte würde nicht mehr athmen.
Das Blut des Bruders darf mich nicht beflecken.
Der König soll im offnen Kampfe sich
Und seinen Kronenreif vertheidigen.
Er warf verächtlich lächelnd diese Münze
(Er schleudert die Münze mit dem Fuße weg.)
Dem Bettler zu. Der Bruder zahlt sie heim.
Noch bebt vor tiefem Schmerz und Zorn mein Herz,

Gedenke ich der Nacht, als seine Krieger
Ins Haus der Edlen, Heißgeliebten drangen,
Und lärmten, tobten, als sie mich nicht fanden,
Die Schlummernde erweckten, ohn' Erbarmen,
Nicht achtend ihrer Bitten, heißen Thränen,
Aus dem Gemache schleppten und entführten.
Die Schwester Richards soll mich, — Dora rächen.
Ich will sie vor dem Abenteurer warnen;
Sie soll erfahren, wie er treulos ist,
Wie er jetzt sie und auch sich selbst betrügt.
Er kann ein Weib nicht lieben und beglücken.
Die Muschel schließt die zarte Perle ein,
Daß nicht die Welle in den Sand sie spült,
Der Wind mit ihr ein loses Spiel nicht treibt.
Der Sonnenstrahl nur öffnet ihre Schale,
Durch ihn glänzt sie so rein, so herrlich schön.
Der Perle gleicht das Herz des edlen Weibes,
Sein stolzes Selbstgefühl der Muschelschale.
Der Blick des Eitlen ist nicht zauberkräftig,
Der Glanz der Perle wird ihn nie entzücken.
(Er geht ab.)

Verwandlung.

Der Hafen von Amathus. Im Vordergrunde eine Terrasse, die zum Palaste des Königs führt. Von der Terrasse führt eine Treppe zum Hafen. In dem Hafen liegt das Schiff Johanna's. Im Hintergrunde Fernsicht auf das Meer.

Johanna
(tritt aus dem Palaste).

Wie jubelt im Orangenhain der Vogel!
Er singt entzückt vom gold'nen Sonnenstrahl,

Vom würz'gen Duft den Rosen Lieder vor.
Er hüpft von Ast zu Ast, pflückt ab die Blüthen,
Schlägt mit den Flügeln, schwingt sich auf zum Wipfel.
Das kleine Vogelherz kann nicht verschweigen,
Wie es der Glanz der blauen Fluth entzückt.
So tief beseligt ist auch meine Brust,
Sie kann die Himmelswonne nicht verbergen.
Den Lüften möchte ich die Lust vertrauen,
Zuflüstern sie den blauen Meereswogen,
Den Adlern, die nach meiner Heimat ziehen,
Daß sie auch dort mein Liebesglück verkünden. —
Ich träumte nicht von seinen Liebesschwüren,
Ich hörte sie, als er die gold'ne Kette
In meine Locken flocht, als er mich sanft
An's Herz. — den Kuß auf meine Lippen drückte.
Ein dunkles Wölkchen nur zieht an dem Himmel
Und droht den Stern des Glückes zu verhüllen.
Mißtrauen, Eifersucht beherrschten mich,
Als ich die Kette im Gemache fand.
Aufwallend in der Gluth der Leidenschaft,
Verwundete ich mit dem Dorn des Argwohns
Sein leicht erregtes Herz, den Mannesstolz. —
Erglüht nicht, wie die Blüthe der Granate
Vom heißen Sonnenstrahl im Purpurroth,
Vom flücht'gen Kuß des Mädchens Rosenwange, —
Und lodern nicht aus seinem dunklen Auge,
Wie Flammen auf die Liebesblicke, zündend,
Doch mit dem Tod auch drohend dem Verräther.
So bleibt das Herz des Cypriers verschlossen.
Wird nicht der Sohn des Südens bald enttäuscht

Das sanfte Weib, das nicht so stürmisch liebt,
Von seinem stolzen Flammenherzen stoßen? —
Er darf mich nicht verkennen, nicht verdammen.
Verrathen soll der laute Pulsschlag ihm,
Wie warm ein nordisch Herz, wie treu es ist;
Und meine Liebe soll vom Bann des Zweifels
Das edle Herz des Theuren schnell befreien.
Er wird dann auch nicht zögern, seine Wünsche,
Die er noch stolz in seiner Brust verbirgt,
Dem opferwill'gen Weibe zu vertrauen.
Er soll der Kränkung nimmermehr gedenken!
Kein Klagelaut darf mich von ihm betrüben,
Verstummen soll sein Mund durch meine Küsse. —
O könnte ich die Menschen, die mich lieben,
So glücklich sehen, als ich selber bin.

(Guido tritt auf.)

Ein armer Mann! Er soll nicht unbeschenkt
Von mir sich wenden.

(Sie nimmt eine goldene Nadel aus dem Haar; zu Guido:)

Nimm die gold'ne Nadel,
Mach' sie zu Geld. Ich kann sie leicht entbehren,
Die Kette Deines Königs schmückt mein Haar.

(Guido nimmt die Nadel.)

Guido

(für sich).

Er hat sie schon in's Liebesnetz verlockt?

(Zu ihr:)

Nimm sie aus Deinen Locken, wirf sie fort,
Es trug sie schon vor Dir manch' and'res Liebchen.

Johanna
(entrüstet).

Der Bettler wagt die Schwester König Richards
Mit frechen Worten zu beschimpfen! Fort! —

Guido.

Kein Hilfesuchender im Bettlerkleid,
Der flücht'ge Bruder Roberts nahet Dir,
Nicht, Holde, Dich zu schmähen, — Dich zu warnen.
Du kennst mich wohl? Du sahst mich in dem Hafen.

(Er nimmt die Binde von einem Auge, schlägt das Tuch, das
seine Stirne verhüllt, zurück.)

Johanna.

Du riefst der Wache zu, das Thor zu öffnen.

Guido.

Ich wollte Dich zu dem Palast geleiten.
Du riefst nach meinem Bruder, nach dem König.
Er kam und führte Dich zur Hafentreppe.
O hättest Du sie nie mit ihm betreten.

Johanna.

Woher droht mir Gefahr?

Guido.

Von Dir, — von ihm!

Johanna
(entschieden).

Vom König nicht!

Guido
(für sich).

Sie liebt ihn, die Betrog'ne.
(Zu ihr:)
Doch klagt die Kette des Verraths ihn an.

Johanna.
Das Erbtheil seiner Mutter?

Guido.
Doras Schmuck.
Er zierte kürzlich ihren schlanken Hals;
Jetzt schlingt die Kette sich um Deine Locken.

Johanna.
Wie? Dora heißt die Schöne, die Geliebte?

Guido.
Die Herrliche, die ihn bezauberte.

Johanna
(für sich).

Er hätte mit der Kette mich getäuscht?
Ein Märchen, — unverschämte Lüge war,
Was er von seiner Mutter mir erzählte?
(Zu ihm hastig:)
Du kennst die Holde?

Guido.
Sie ist reizend, lieblich,
So hochgesinnt und reich erfüllt von Liebe.

Den Schwanenhals umringeln schwarze Locken,
In denen Amor einen Pfeil verbarg,
Dem kühnen Abenteurer zum Verderben,
Der siegesmuthig ihr zu nahen wagt.
Gleich einem Feuerstrahl entflammt ihr Blick;
Und selbst das gold'ne Armband zittert leise,
Wenn sie auf ihre Hand die Wange stützt.

Johanna.
Die Zauberin sucht Alle zu bethören!
Entzückt auch Dich mit ihren süßen Liedern?

Guido.
Wer sollte nicht die Herrliche bewundern!
Wenn ihr Gesang ertönt, schweigt in dem Busch
Die Nachtigall, den Wettkampf mit ihr scheuend;
Und Jeder senkt den feuchten Blick zu Boden
Und wagt kaum wie im Liebestraum zu athmen.

Johanna
(in steigender Aufregung).

Auch Du liebst sie? Sie hat auch Dich bestrickt?

Guido.
Mein Herz schlägt nur für sie.

Johanna.
Sie liebt nur Dich? —

Guido.
Sie schützte mich vor dem erzürnten König,
Als er das Schwert erhob, um mich zu tödten;

Ich fand in ihrem Hause ein Asyl,
Als seine Späher mit dem Dolch mir drohten.

Johanna
(rasch).

Er pries die Reize Deiner Heißgeliebten;
Die Eifersucht erweckte Deinen Grimm.
Du hast zum Kampfe ihn herausgefordert.

Guido.

Mißtraue mir, stürz' Dich in das Verderben.

Johanna.

Ich soll Dir glauben? Bist Du nicht sein Feind?
Ihr seid entzweit. Es spricht aus Dir der Haß.

Guido.

Nur wenn Du liebst, kannst Du den Schmerz ermessen,
Der jetzt das Herz des Liebenden durchwühlt,
Dem man die Liebste aus den Armen riß.

(Er zieht den Dolch und erhebt ihn.)

Die Rache drückt den Dolch mir in die Hand;
Der Stahl soll nicht das Herz des falschen Bruders,
Soll den Entführer der Geliebten treffen.

Johanna
(hoch aufgeregt).

Er hat sie Dir entführt?

Guido.

Sie mir geraubt.
Er ließ sie Nachts aus ihrem Hause schleppen.

Johanna

(im höchsten Affect).

Wohin?

Guido.

In den Palast.

Johanna

(erfaßt in höchster Leidenschaft seine Hand).

In welcher Nacht?

Guido

(zeigt auf den Himmel).

Noch leuchtet dort der Mond, der stumme Zeuge,
Der mitleidsvoll ihr Angesicht geküßt,
Er wich noch vor dem Glanz der Sonne nicht.

Johanna

(aufschreiend).

In dieser Nacht!

(Für sich, das Gesicht mit den Händen bedeckend.)

Er hat mich hintergangen! —

(Nach einer Pause.)

Das war die fremde Sängerin von Rhodos! —

Guido

(für sich).

Ihr Zorn flammt auf. Sie wird an ihm sich rächen.

(Er nimmt die Binde vor das Auge und verhüllt seine Stirne.)

(Zu ihr:)

Vermummte schleichen durch das Hafenthor.
Ich kann nicht länger mehr bei Dir verweilen.
Verstoße den Verräther, flieh' aus Cypern.

(Er geht ab.)

Johanna
(allein).

Von ihm getäuscht! — Von ihm! Von ihm! —
       Nein! Nein!
So hat er mein Vertrauen nicht mißbraucht.
Sein Herz ist schnell entflammt, doch treulos nicht.
Der Bruderhaß verläumdet den Geliebten.
Sein Auge strahlt vom reinen Liebesglück.
Er ist kein Heuchler, er belügt mich nicht.

(Sie nimmt die Kette aus dem Haar.)

Du schmücktest einst die Locken seiner Mutter,
Er küßte Dich, benetzte Dich mit Thränen.
Du warst ihm theuer stets, — kein Liebespfand
Für eine flatterhafte, eitle Schöne.

(Sie sieht den Namen Doras in der Schließe eingegraben.)

Ein Name ziert die Schließe! (Liest:) Dora!

(Erschreckt aufschreiend:)

       Dora! —
So heißt die Zauberin! (Ruhiger:) So hieß die Mutter?

(Mit zitternder Stimme:)

Dies war der Name seiner Mutter nicht!

(Sie wirft die Kette auf die Terrasse; aufflammend:)

Sie war in dem Palast! — In dieser Nacht! —

(Vernichtet.)

Ich Unglückselige! von ihm Betrog'ne!
Was habe ich begangen, daß mir hier
So viel des schweren Leides widerfahren?
War schuld mein Denken, Fühlen, — Lieben
An der Enttäuschung? — Er hat mich berückt!
Ich bin das Opfer seiner schnöden Lüge! —
O, daß an ihn ich nicht mehr denken müßte,
O, daß ich Arme es vergessen könnte,
Daß er, den ich vom ganzen Herzen liebte,
Den Glauben an die Treue mir zerstörte.
O fließet, Thränen, lindert meinen Schmerz.
Ich kann nicht weinen, krampfhaft zuckt mein Herz.

(Sie geht zur Terrasse.)

Ihr Fluthen, hättet ihr die Pilgerin
Dem heil'gen Ziele zugeführt und sie,
Zum Unheil ihr, nach Cypern nicht verschlagen!
Ihr schäumet auf, ihr zürnt, daß ich noch klage,
Den Dolch nicht auf das Herz des Falschen zücke? —
Für ihn den Fluch, — für mich die Rache! — Rache!

(Der Admiral ihres Schiffes tritt zu ihr.)

Der Admiral.

Du siehst nach uns'rem Schiff' im Hafen aus?
Sein neuer Mast wird allen Stürmen trotzen.
Soll ich die Anker lichten?

Johanna.

     Du willst heim?
Gefällt Dir Cypern nicht?

Der Admiral.
Das Land ist herrlich,
Das Volk doch ist uns freundlich nicht gesinnt.

Johanna.
Man sorgt für Euch nicht gut, mißhandelt Euch?

Der Admiral.
Nicht uns allein trifft Spott und Hohn.

Johanna
(überrascht).
Wen noch?

Der Admiral.
Im Kerker schmachten die Gesandten Richards.

Johanna
(entrüstet).
In Ketten die Gesandten meines Bruders!
Wer ließ sie fesseln? Wer?

Der Admiral.
Der König Cyperns,
Als sie ihn zu dem heil'gen Kreuzzug luden.

Johanna
(für sich, erzürnt:)
Ha! Der Despot! Beschimpft die Flagge Englands,
Läßt die Gesandten ins Gefängniß werfen!
Der Schwester Richards schwört er falsche Eide!

Der Admiral
(schüchtern).

Auch Dich —

(Er stockt.)

Johanna.

Wer lästert mich?

Der Admiral.

Die Höflinge
Erfrechen sich — (Er stockt.) O laß es mich verschweigen.

Johanna
(für sich, zitternd:)

Ich kann nicht in sein treues Auge schauen.

(Zu ihm:)

Sag' Alles mir.

Der Admiral.

Man spottet über Dich,
Verlacht die stolze Britin, die der König
Wie Dora jüngst in seinem Netz gefangen.

(Im Affect:)

Doch nicht wie Dora sollst Du in dem Kerker
Für Deine Liebe Dein Vertrauen büßen.
Ich werde schützen Dich.

Johanna
(wendet sich erschreckt ab, für sich:)

Sie im Gefängniß! —
Daß sie mir seine Falschheit nicht verrathe!
O Herr, beschirme mich!

Der Admiral.
Du zürneſt mir?
(Er nähert ſich ihr.)
Laß', theure Herrin, Deine Hand mich küſſen.
Verzeih', daß ich ein freies Wort gewagt.

Johanna
(kämpft mit ſich und reicht ihm mit niedergeſchlagenen Augen die Hand).
Du biſt ein Mann! (für ſich:) Er iſt es nicht.
(Zu ihm:)
Geh' hin,
Hiß' ſchwarze Segel auf!

Der Admiral
(erſchreckt).
O Herrin!

Johanna
(tonlos).
Geh',
Hiß' ſchwarze Segel auf!

Der Admiral.
Wie Du befiehlſt,
So ſoll's geſchehen. Doch nur wenn der Tod
Auf einem Schiffe ſeine Opfer ſucht,
Zieht man die Todesflagge auf.

Johanna
(entſetzt, für ſich.)
Mich ſchauert!
Bringt nicht das Schiff die Todtgekränkte fort?
Sie ſieht wohl nimmermehr die nord'ſche Küſte! —

(Zu ihm:)

Hiß' schwarze Segel auf! Nach Norden! fort! —

(Der Admiral geht ab.)

Johanna
(allein).

Fort mit den Rosen, mit den Edelsteinen,
Fort mit den Perlenschnüren, gold'nen Ringen,
Die Glücklichen erfreut die eitle Zier.
Der schwarze Schleier hülle ein mein Haupt;
Im dunklen Büßerkleide will ich wandeln
So lange, bis der Frevel ist gesühnt.

(Sie legt den Schmuck auf die Terrasse hin.)

(Robert tritt aus dem Palaste.)

Robert
(zu ihr).

Du legst den Schmuck ab? Du kannst ihn entbehren.
Das zarte Feuer Deines blauen Auges,
Die Anmuth, Aphroditens Liebeswaffe,
Mit der Du siegst, verdunkeln seinen Glanz.
Reich' mir den Arm, besteige die Galeere.
Der Zephir kräuselt leicht die Meereswellen,
Die Wimpel flattern, laden ein zur Fahrt.

Johanna
(kalt).

Mein Schiff wird schon beflaggt, ich ziehe heim.

(Man zieht auf ihrem Schiffe schwarze Segel auf.)

Robert
(sieht auf den Hafen).

Mit schwarzen Segeln schiffst Du von mir fort?
Hat Dir der Tod ein theures Herz entrissen?

Johanna.
Sind nicht gefangen die Gesandten Englands?

Robert.
Sie werden heute noch von hinnen ziehen.
Nun komm', wir rudern in die See hinaus.

Johanna.
Mich zieht die Sehnsucht hin zu meinem Lande.

Robert.
Warum willst Du von Cypern fort, von mir?

Johanna.
Es trügt die Himmelsbläue, trügt die See.
Falsch sind die Höflinge, falsch sind im Land
Die Menschen, falsch und lügnerisch wie Du.

Robert.
Wer hat bei Dir so schändlich mich verläumdet?

Johanna.
Dein Bruder kam zu mir. Ich weiß jetzt Alles.

Robert.
Du kannst ihm glauben, ihm, der mir die Krone,
Das Leben rauben will, ihm, dem Rebellen?

Johanna.
Hieß Deine Mutter Dora?

Robert.
Nein! — Doch Dora, —

Johanna
(unterbricht ihn schnell).

Nun läugne das Geheimniß, das noch jetzt
Im Kerker schmachtet.

Robert.
Jene falsche Schöne
Ist todt für mich und längst vergessen.

Johanna
(entsetzt).
Todt! —

Robert.
Ein neues Lebensglück erblühte mir,
Als Du erschienst.

Johanna.
Ich will das Schicksal nicht
Mit Jenen theilen, die Du schnell vergessen.
Hier ist die Kette, laß' sie wandern, — wandern.
(Sie hebt die Kette von der Terrasse auf und wirft sie ihm
zu Füßen.)

Der Admiral
(ruft ihr vom Schiffe zu):

Die Anker sind gelichtet. Komm' herab.

Johanna
(ruft ihm zu):

Ich komme.

(Zu Robert:)

Dora ist mein Racheruf!

(Sie eilt die Hafentreppe hinab.)

Robert
(eilt ihr nach und ruft ihr an der Hafentreppe höchst erzürnt zu):

Du bleibst! —
(Ruft in den Hafen hinab:)

Hält an ihr Schiff! Sperrt ab den Hafen!

(Großer Tumult im Hafen.)

Der Offizier des Hafens.

Ergreift die Waffen.

Der Admiral
(ruft vom Bord des Schiffes):

Stoßt die Sklaven nieder.

Johanna
(ruft von unten):

Hierher! Bohrt ihre Boote in den Grund.

Der Admiral.

Schwingt Eure Aexte.

Der Offizier des Hafens.

Steckt das Schiff in Brand.

Johanna

(erscheint, das Haupt in einen schwarzen Schleier gehüllt,
auf dem Bord ihres Schiffes).

Gebt mir die Flagge!

(Sie schwingt sie.)

Kämpft für Englands Ehre!

Robert

(ruft den Seinigen zu):

Nehmt sie gefangen.

(Kampf im Hafen.)

Die Seeleute Johannas

(rufen jubelnd):

Unser ist der Sieg!

(Das Schiff wendet sich und fährt aus dem Hafen.)

Johanna

(vom Bord des Schiffes Robert drohend).

Erzittere Meineidiger!

(Zur Mannschaft:)

Nach Norden!

(Robert geht rasch in den Palast.)

Der Admiral

(sieht in die See hinaus).

Im Sonnenglanze leuchten Segel auf.

Ein Seemann

(erklettert den Mastkorb; ruft herab):

Es weht die Flagge Englands auf den Schiffen.

Johanna.

Die Flotte meines Bruders naht heran.
Auf! Steuern wir dem Könige entgegen.

(Der Vorhang fällt.)

Vierter Aufzug.

Wald in der Nähe von Amathus.

Guido
(allein).

Verstumme, Nachtigall im Rosenbusch,
Und frage nicht, Du Liebetrunkene,
Ob auch das Liebesglück mein Herz erfüllt.
Es ist mit Doras Tod für immer hin.
Der Rachesüchtige ließ Dich, Geliebte,
Die sich vor ihm nicht beugte, ihn verstieß,
In einem wüsten Felsenschloß verschmachten.
So grausam wüthet nicht der Königsadler,
Wenn seinen Fängen sich entwand das Täubchen.
Er läßt sie fliehen, spreitet aus die Flügel
Und schwingt sich stolz zum blauen Himmel auf. —
O arme Dora! Wie hast Du gelitten!
Und ich war nicht bei Dir! War nicht bei Dir! —
Verzweiflungsvoll, gequält vor Sehnsucht,
Sprangst Du vom Felsenneste in das Meer.
Die Woge hatte nur mit Dir Erbarmen
Und senkte wildaufschäumend Dich in's Grab.
Ich nicht, — die Fluth umschlang Dich mitleidsvoll,
Ich nicht, die Woge drückte, um Dich klagend,
Den Abschiedskuß auf Deine stummen Lippen!
O theures Weib, daß Du so sterben mußtest! —

Doch er soll zittern, wenn vor ihn ich trete,
Das Schwert ich ziehe, Deinen Tod zu rächen.

(Angelos tritt auf.)

Angelos.

Du trauerst noch um sie? Ermanne Dich!
Dein Klageruf erweckt sie nimmermehr.
Ein Held ergreift die Waffen.

Guido.

    Gegen Robert?

Angelos.

Ein größ'rer Feind bedroht die Freiheit Cyperns.
Die Flotte König Richards Löwenherz
Belagert Amathus.

Guido.

    Ich soll den König,
Der Dora mir geraubt, mich haßt, beschützen?
Wir sind zu schwach, um Amathus zu retten.

Angelos.

Wie warst Du für die Heimat einst begeistert!
Wie zaghaft sprichst Du jetzt, wie theilnahmslos!
Willst Du die Krone für ein todtes Herz,
Den Purpur um den Schleier Doras tauschen? —
Gedenk', wie früher unser Land gelitten,
Als noch die Pharaonen es beherrschten,
Auf ihren Wink zum Tod verdammte Sklaven,
Hohläugige und stumpfe Kettenträger

Die gold'nen Ernten Cyperns niedermähten;
Wie die Satrapen perſiſcher Deſpoten,
Dem unterjochten Lande zum Verderben,
Aus Cyperns Erz ſich Waffen ſchmiedeten;
Wie ſie, berauſcht vom Feuerwein, die Myrthe,
Die ſie geraubt der ſchaumgebor'nen Göttin,
In das gelöſte Haar der Phrynen flochten.
Soll wieder jetzt der Fremdling uns bedrücken,
Das ſchöne, blüthenvolle Land verwüſten?

Guido
(feurig).

Der rauhe, nord'ſche Krieger ſoll mit Roſen,
Die einſt das Haupt der Liebesgöttin zierten,
Nicht ſeine blutgetränkten Waffen ſchmücken.
(Er zieht das Schwert.)
Der ſtolze Brite ſoll uns nicht beherrſchen.

Angelos.

Nun komm', führ' uns zum Kampf!
(Kallias eilt mit Edelleuten herbei.)

Kallias.

Was zaudert Ihr?
Der König ward gefangen.

Angelos.

In der Schlacht?

Kallias.

Er wagte gegen Richard nicht den Kampf.
Er unterwarf ſich ihm.

Guido.

O Schmach! — Der Weichling!

Angelos.

Er will für sich die Krone Cyperns retten
Und zum Vasallen sich erniedrigen.

Guido.

Er soll es nicht.

Kallias.

Er wird die Frevelthaten,
Die an den Abgesandten er beging,
In Ketten büßen.

Guido.

Richards Schwester aber,
Die er mit seinem Liebesnetz umgarnte,
Kann mit den Rosenfesseln sie vertauschen.

Angelos.

Er liebt sie?

Guido.

Heuchelt Liebe, um durch sie
Den schwer verletzten Richard zu versöhnen.

Angelos.

Gibt Richard ihm zurück die Krone Cyperns,
Dann werden wir in dem Gefängniß sterben.

Kallias.

Es bricht der Abend an. Die Krieger Richards
Durchstreifen rings die Gegend. Folget mir.

In meinem Schlosse harren die Getreuen.
Nur mit den Waffen können wir uns retten.

(Sie gehen ab.)

Verwandlung.

(Große Halle im Palaste des Königs.)

(Kriegsmusik. Normännische Krieger ziehen in die Halle ein.
Richard kommt mit seinem Gefolge.)

Richard
(beim Auftritt zurückrufend):

Entwaffnet alle Bürger, schleift die Mauern.
Zieht in der Burg die Fahne Englands auf,
Sie soll den Cypriern weithin verkünden,
Daß Richard Löwenherz auf Cypern herrscht.

(Zu einem Oberst.)

Wo ist der Bruder des gefang'nen Königs?
Wo sind die Höflinge, die Krieger Roberts?
Sie zaudern trotzig, mir den Eid zu schwören?

Der Oberst.
Der Bruder Roberts floh in das Gebirge.

Richard
(für sich).

Er will das Volk zum Widerstand entflammen,
Um Amathus mir wieder zu entreißen.
Doch die Normannen sind von wildem Muthe,
Vor ihnen flohen selbst die Saracenen.
An ihren Schilden wird sein Speer zersplittern.

(Zu den Seinigen:)
Ich will die Klage der Gesandten hören.
(Die Gesandten treten vor.)

Erster Gesandter.
Dank, Herr, daß Du den Kerker uns erschlossen,
In dem wir wider Recht und Sitte darbten.

Richard.
Ihr kamt als Friedensboten zu dem König
Und habt das Schwert gezogen, ihn bedroht.
Wenn Ihr dies mir gethan, so wäret Ihr
Erdrosselt.

Zweiter Gesandter.
Schimpf und Schande ahndet stets
Der Brite mit den Waffen.

Richard.
Er hat Euch, —

Erster Gesandter.
Nicht uns, den Richard Löwenherz beschimpft.
Wir baten ihn als Deine Abgesandten,
Dir mit dem Heer in's heil'ge Land zu folgen,
Er aber wies erzürnt uns ab und wollte
Mit seinen Hunden uns von Cypern hetzen.

Richard
(aufbrausend).
Mit seinen Hunden meine Abgesandten!
(Er winkt, die Gesandten ziehen sich zurück.)
Führt Robert, den Gefangenen, mir vor!

(Für sich.)

Der Feigling, der nicht wagt das Schwert zu ziehen,
Doch Englands Flagge und mich selbst beschimpft,
Soll seine Frevel mit dem Tode büßen.

(Robert tritt mit einigen Höflingen und von Normannen begleitet
auf. Vor ihm trägt ein Höfling auf einem Kissen die Krone
Cyperns.)

Robert
(zu Richard).

Ich leg' die Krone Cyperns Dir zu Füßen.

(Der Höfling legt das Kissen mit der Krone vor Richard hin.)

Richard.

Du hobst in Deinem Hochmuth auf das Bündniß,
Das Richard Löwenherz mit Dir geschlossen.
Der Pfeil, der Englands Flagge jüngst durchbohrte,
Verletzte auch das Herz des treuen Freundes.

Robert.

Der kühne Schütze, der den Schuß gethan,
Liegt noch in Ketten in dem dunklen Kerker.

Richard.

Hast Du wohl edel, königlich gehandelt,
Als Du die Abgesandten fesseln ließest?

Robert.

Ich soll den Fremden nicht, der gegen mich
Die Waffe zieht, als einen Feind behandeln?

Richard
(erzürnt).

Ein Christ doch hetzt die Hunde nicht auf ihn.

Robert.

Ich drohte nur; Du hättest sie getödtet.
Das Wort entfiel im Zorne mir.

Richard.
Verrieth,
Wie falsch Dein Herz, wie treulos ist Dein Sinn.

Robert.

Der edle Freund vergißt das flücht'ge Wort,
Das der verletzte König Cyperns sprach.

Richard.

Du konntest meine theure Schwester täuschen,
Mit Schmeichelworten doch betrügst Du nicht
Das Löwenherz.

Robert.
Du kannst den Liebenden
Nicht mehr verdammen, der dem Thron entsagte
Und um Johannas Hand bei Dir jetzt wirbt.

Richard.

Die Perlen Deiner Krone sind so kostbar
Nicht, wie die Thränen meiner edlen Schwester,
Die sie in ihrem tiefen Schmerz vergossen.
Die Krone Cyperns sühnt nicht Deine Schuld.
Du hast, —
(Johanna eilt herbei.)

Johanna
(zu Richard).

Halt ein mit Deinem Urtheilsspruch!

Richard
(für sich überrascht).

Sie schreitet wie die Königin heran,
Sie trägt das Diadem in ihren Locken!
(Zu ihr:)
Ich bin der König, mir steht zu das Recht,
Den Schuldigen vor das Gericht zu ziehen.

Johanna.

Ich kann nur richten über seine Schuld.

Richard.

Auf schnödem Treubruch steht bei uns der Tod.

Johanna.

Beging er nicht an mir den größ'ren Frevel?
Mein Herz ist tief verletzt und klagt ihn an, —
Mein Herz soll auch der Schuld ihn überführen.

Robert
(für sich).

Ihr stolzer Blick raubt mir die letzte Hoffnung,
Sie reicht mir zur Versöhnung nicht die Hand;
Die Krone Cyperns wird mich nicht mehr schmücken.

Richard
(für sich).

Sie ist im Recht, es gibt nur ein Gesetz,
Das falschen Eiden mit dem Tode droht.

Für die gebroch'nen Liebesschwüre muß
Das Weib sich selbst an dem Betrüger rächen.
(Zu ihr:)
So sei er Dein Gefang'ner, richte ihn.

Robert
(kniet vor sie hin).
O löse, Theure, nicht in Liebesrache
Die Rosenfesseln, die ich jetzt noch trage,
Verbanne mich aus Deiner Nähe nicht.

Johanna
(ernst zu den Höflingen).
Beleuchtet die Kapelle, holt den Priester.

Richard
(für sich).
Auch sie will den Verräther tödten lassen.

Johanna
(zu Robert).
Reich' mir den Arm, — die Hand an dem Altar.

Robert
(entzückt).
Du glaubst an meine Liebe? Liebst noch mich?
(Er reicht ihr den Arm.)

Richard
(tritt ihnen entgegen; zu Johanna):
Er hat den Tod verdient, Du kannst den Bund
Mit ihm nicht schließen.

Johanna
(stolz).
                Jede freie Britin
Wählt sich den Gatten.

Richard.
                Den Verbrecher nicht.
Ich breche über ihn den Stab. Er stirbt.

Johanna.
Ich sprach das Urtheil schon.

Richard.
                        Wird nicht vollzogen.
Der König hebt das Urtheil auf. Er stirbt.
Der König nur kann ihn begnadigen.

Johanna.
Mein Recht ist unantastbar wie das Deine.
Du hast den Schuldigen mir übergeben,
Mir ganz allein. Ich habe ihn gerichtet.

Richard
(aufbrausend).
Du lehnst Dich gegen meinen Willen auf?
Auch Du stehst unter den Gesetzen Englands.

Johanna.
Du schätzest meine Ehre höher nicht,
Als den Verrath des Freundes, Bundsgenossen?
Er soll nur büßen für die Frevelthat,
Die er an Dir beging? Das Weib ist rechtlos,

Das Weib darf man belügen, hintergehen, —
Ist nur geschaffen, um Euch zu ergötzen? —
Das Weib flicht nicht das segensreiche Band,
Das Vater, Mutter mit dem Kind umschlingt?
Besänftigt nicht den Haß in Eurer Brust,
Entreißt Euch nicht den Dolch, eh' ihr im Zorn
Dem ahnungslosen Feind in's Herz ihn stoßt?
Das Weib kämpft muthig nicht an Eurer Seite?
Ihr schwingt das Schwert, es führt die Liebeswaffen
Und siegt und stirbt mit Euch im Lebenskampfe.
Das Weib stützt nicht das Haupt des Sterbenden,
Es lindert nicht, den eig'nen Schmerz bekämpfend,
Mit thränenfeuchten, liebevollen Blicken,
Mit Segenssprüchen ihm die Todesqual?
Das schwache Weib soll schweigend nur gehorchen,
Nur leiden, dulden, Eure Wunden heilen?
Es soll nicht Euer Mitleid, Euren Schutz,
Nicht Eure Liebe für die Opfer fordern?
Hebst Du als König jetzt mein Urtheil auf,
Fügst Du nicht blos der tiefverletzten Schwester,
Fügst Du dem Weibe auch ein Unrecht zu;
Es büßt dann für die treue, edle Liebe.

Richard
(weich).

Du kannst ihn lieben noch, der Dich getäuscht?

Johanna
(leidenschaftlich).

Er soll die Hand mir am Altare reichen!

Richard
(für sich).

Sie liebt den Reuigen, hat ihm vergeben.
Sie soll doch nicht allein großmüthig sein.
(Zu ihr:)
Er sei Dein Gatte, ich will ihm verzeihen.
(Ein Höfling kommt.)

Der Höfling.
Der Priester harrt in der Kapelle.

Johanna
(zu Robert).
Komm'!
(Für sich:)
Ich kann jetzt meine Ehre an ihm rächen.

Richard
(zu Robert).

Ich bin Dein Lehensherr; beherrsche Cypern,
Bis von Jerusalem ich wiederkehre.
Zieht seine Fahne auf dem Schlosse auf,
Trägt ihm die Krone auf dem Kissen vor.
Am frühen Morgen lichtet Ihr die Anker,
Wir segeln nach Jerusalem. Kommt! —
(Sie gehen Alle ab.)

Angelo
(tritt rasch, verkleidet auf).
Ha!
Der Reichsverräther führt sie zum Altar!
Doch tritt er nicht mit ihr in's Brautgemach.
(Er geht rasch ab.)

Verwandlung.

(Links eine Kapelle. Eine Felsenterrasse, die schroff zum Meer abfällt, verbindet die Kapelle mit dem gegenüberliegenden Palaste.)
(Zwei Höflinge treten aus der Kapelle. Orgelklänge verhallen.)

Erster Höfling.
Wie strahlt des Königs Angesicht vor Freude!

Zweiter Höfling
(sieht durch das Fenster der Kapelle)

Die Braut blickt ernst zu Boden. Richard steht
Ihr rechts zur Seite, stützt sich auf sein Schwert.

Erster Höfling.
Johanna hat mit Richard ihn versöhnt,
Er hob ihn wieder auf den Thron von Cypern.

Zweiter Höfling
(horcht).

Johanna spricht mit lauter Stimme: Ja! —
Sie reichen sich die Hände; sind vermählt.

Erster Höfling.
Der Gott der Liebe segne ihren Bund.

Zweiter Höfling.
Es küssen sich zum Abschied die Geschwister.
Nun schließ' die Pforte auf zum Brautgemach.
Der König reicht ihr seinen Arm. Sie kommen.

(Sie gehen in den Palast.)
(Robert führt Johanna aus der Kapelle.)

Robert.

Wie fühle ich mich jetzt durch Dich beglückt!
Laß' mich auf Deine Hand, die früher mich
Zurückgewiesen, heiße Küsse drücken.
(Er küßt ihre Hand.)

Johanna.

Ruf' jetzt die Höflinge herbei, sie sollen
Der Königin von Cypern huldigen.

Robert
(geht zur Kapelle und winkt. Die Höflinge kommen).

Ihr Edlen, beugt Euch vor der Königin.

Alle Höflinge.

Hoch unf're Königin! Hoch!
(Johanna reicht ihnen die Hand zum Kuße. Sie beugen sich vor
ihr. Johanna winkt ihnen stolz, sich zu entfernen.)

Kileon
(im Abgehen).

Stolze Britin!

(Die Höflinge entfernen sich.)

Robert
(reicht Johanna den Arm und weist auf den Palast hin. Johanna
aber weigert sich, den Palast zu betreten)

(Ueberrascht zu ihr:)

Du Holde trittst vor dem Palast zurück?

Johanna
(entsetzt).

Hinein folg' ich Dir nicht.

Robert.

Du bist mein Weib.

Johanna.

Ich ward Dein Weib, doch kann ich es nicht bleiben.

Robert.

Warum hast Du mit mir den Ring getauscht?

Johanna.

Ich sollte mich noch länger als Dein Liebchen
Von Deinen Höflingen verspotten lassen?
Du kennst die Frauenehre nicht. Ein Wort,
Das einzuschüchtern, zu verbergen sucht,
Daß man ein Unrecht zugefügt; ein Lächeln,
Das süß und doch den Spott nicht kann verläugnen, —
Ein Händedruck, mit dem man seine Treue
Versichern will und ohne warmen Antheil
Hastig, lieblos die Leidende verläßt, —
Ein Blick, der nur den leisesten Verdacht
An schwankendem Vertrauen, Täuschung weckt,
Kann, wie der Frost die zarte Blüthe sengt,
Der Nord die Kraft des Sonnenstrahles bricht,
Verletzen unf'ren Stolz. Die Lüge aber,
Der falsche Schwur, mit denen ihr uns täuscht,
Verlockt, bethört, aus unf'ren Armen flieht,
Uns an die Nebenbuhlerin verrathet,
Berauben nicht blos uns, auch Euch der Ehre. —
Ich scheide jetzt von Dir und ziehe heim.

Robert.

Dein herbes Abschiedswort verräth mir jetzt,
Daß Du Dich selbst getäuscht, mich nicht geliebt.

Johanna.

Ich liebte Dich, als an der Hafentreppe
Du mich empfingst, ich Dir in's Auge sah;
Es glühte meine Wange, ich erbebte
Im süßen Wonneschauer, als zu mir
Du tratst, die Hand mir zur Versöhnung reichtest.
Ich sank so liebeselig Dir an's Herz,
Als Du mir in das Haar die Kette flochtst. —
Du aber hintergingst die Liebende.
Dein Sinn war kalt, Dein Herz schlug nicht für mich,
Als Du, der schönen Sängerin gedenkend,
In Thränen falsche Liebeseide schwurst
Und Liebe heuchelnd mir zu Füßen sankst.
Du gabst im Uebermuth, im Mannesstolz,
Die Liebende, die Dich vergötterte,
Dem Spott der Höflinge, des Volkes preis.
Die Schmachbelad'ne reichte Dir die Hand,
Um als Dein Weib die Ehre sich zu retten.
Die Achtung doch, entstammt der edlen Sitte,
Dem reinen Sinne, welche Liebe, Freundschaft
In uns erhält, ist jetzt in mir erloschen.
Ich kehre wieder nach dem Norden heim.

Robert
(liebevoll).

Drückt auch der Strom, im wilden Sturmgebraus
Aus seinem Ufer stürzend, in den Sand

Die Rose, die ihm ihre Düfte streut,
So rauscht, wenn nicht mehr schäumt und tobt die Fluth,
Zu ihr heran die Welle, küßt sie wieder
Zu neuem Leben auf. (Höchst innig:) O Heißgeliebte!
Du darfst aus Cypern, darfst von mir nicht ziehen,
Ich laß' Dich, Theure, nicht von meinem Herzen.

Johanna
(kalt).

Du kannst mit Schmeichelworten meinen Schmerz
Nicht mehr besänftigen, noch mein Vertrauen,
Das Du zerstört, jetzt wieder Dir erringen,
Auch nicht mit ihnen Deine Schuld verschleiern.
Ich aber will und kann den Mann nicht täuschen,
Mit ihm nicht demuthsvoll durch's Leben wandern,
Ihn lächelnd nicht begrüßen, wenn sein Blick
Gleich einem Dolchstoß in das Herz mir dringt.
Wir können Beide nimmer uns beglücken.
Geleite mich zu meinem Schiff im Hafen.

Robert.
Du opferst Deinem starren Sinn mein Herz?

Johanna
(stolz).

Ich werde niemals Deine Sklavin sein!

Robert
(gebieterisch).

Du bist mit mir vermählt, Du bleibst in Cypern.

Johanna
(sich emporrichtend).

Du kennst das freie Weib des Nordens nicht.
Es beugt sich vor dem Mann nur, den es liebt;
Kannst Du es nicht mit Liebesworten fesseln,
Die Kette zwingt es zum Gehorsam nicht.
(Für sich).
Der Tausch der Ringe ward mir zum Verderben,
Ich bin in seiner Hand, kann nicht entfliehen.
(Sie zieht den Dolch aus ihrem Gewande.)

Robert.
Was ficht Dich an? Du zückst den Dolch, — auf mich?

Johanna.
Er trifft nur das von Dir verrath'ne Herz!
(Sie will sich erstechen.)

Robert
(entreißt ihr den Dolch).

Dein Blut befleckt nicht blos die Krone Cyperns,
Auch meine Manneswürde, meine Ehre.
Du darfst Dich tödten nicht, das heil'ge Band,
Das uns vereint, gewaltsam nicht zerreißen.
Des Priesters Segen löschte meine Schuld.
(Innig:)
O heißgeliebtes Weib, laß' Dich versöhnen.
(Er will sie umfassen.)
O lebe Du mit mir! — O bleibe mein!
Ich halte Dich umschlungen, bis ich sterbe.
(Johanna tritt ernst zurück.)

Schwermuth verschönt das Angesicht der Braut,
Das Weib sinkt lächelnd an die Brust des Mannes.
Noch flammt die Hochzeitsfackel im Gemach,
O folge mir dahin, eh' sie' erlöscht.

Johanna
(für sich).
Der Morgenstrahl soll nicht das junge Weib
An seinem Herzen wecken und ihm nicht
Die stolze Miene des Gebieters zeigen, —
Soll nur die Lippen der Entseelten küssen.
(Sie nähert sich ihm schmeichelnd.)
Du willst mich liebend in den Armen halten,
Bis leise, immer leiser schlägt mein Herz,
Im süßen Liebestraum mein Auge bricht?
Es könnte nur der Himmelsstrahl der Freude,
Der mich verklärt, begeistert, Dich entzücken; —
Der Schmerz, der mich beschleicht, auch Deine Thränen
Aus ihrem Schlummer wecken?

Robert
(hingerissen).
     Zweifle nicht,
Du machst allein mich glücklich, Du allein!

Johanna
(für sich.)
Er täuscht sich nur, er fühlt nicht diese Liebe.
(Zu ihm:)
Wenn Du so heiß mich liebst, so kannst Du auch
Mir einen Wunsch jetzt nicht versagen.

Robert
(feurig).
Nie!

Johanna.
Gib mir das Angedenken meines Vaters,
Gib mir zurück den Dolch des Königs Heinrich.

Robert
(nimmt den Dolch aus dem Wams; entsetzt).
Das Blut von Thomas Becket klebt an ihm?

Johanna.
Du darfst an Deinem Herzen ihn nicht bergen.

Robert.
Er ist verflucht! Ihn soll das Meer verschlingen.
(Er schleudert den Dolch über die Terrasse.)

Johanna
(hocherzürnt).
Tyrann! Wend' ab von mir den falschen Blick.
Die Gluth, die aus ihm sprüht, verräth mir nur,
Wie wild das Blut durch Deine Adern strömt.
Trug, List, Lügen sind Deine Liebesschlingen;
Gift ist Dein süßes Schmeichelwort, mit dem
Du Deine Opfer in dem Netz betäubst.
Höhnisch zuckt Deine Lippe, glühend noch
Vom Feuerkusse der Beseligten,
Scheucht sie Dein liebeloses, herrisch Wort
Enttäuscht von Deinem kalten Herzen fort.
Hinweg von mir! Mir graut vor Dir!

Robert.   Du rasest.
      Johanna
    (tritt zur Terrasse; für sich).

Schäumt auf, ihr Meereswogen, wüthet, Stürme,
Er darf nicht hören meinen Schmerzensruf:
Ich armes Weib, daß ich ihn hassen muß.

      Robert
    (stürzt zu ihr hin).

Du weinst, Du zitterst, wankst; laß' mich Dich stützen
Und Deine Thränen von der Wange küssen.

      Johanna
    (leidenschaftlich).

Mich nicht, die Sängerin drück' an Dein Herz.
Trink' aus dem Becher, den mit Rosen Dir
Die Schöne schmückte, keine bitt're Thräne
Fällt aus dem Auge eines treuen Weibes
In ihn hinein. Betäube Dein Gewissen!
Lös' kühn die schwarzen Locken der Sirene,
Befrei' sie von der Kette, die Du früher
Noch schüchtern in sie flochtst; knie hin vor sie,
Entzücke Dich an ihren süßen Liedern,
Der Klagelaut der Todtgekränkten dringt
Nicht an Dein Ohr und stört nicht Deine Lust.
Doch Nachts, wenn Du von dem verschwelgten Tage,
Vom heißen Kuß der Schönen träumst, schleicht sich
Zu Deinem Lager ein Gespenst und scheucht
Die Gaukelbilder wieder von Dir fort.
Entsetzt trifft Dich sein hohler Jammerblick;

7*

Du mußt, gequält von Angst, von tiefer Reue,
Das Angesicht des todten Weibes schauen,
Bis Du im frühen Morgenlicht erwachst.
(Sie schwingt sich auf die Terrasse.)
Es stirbt die letzte Königin von Cypern!
(Sie stürzt sich in das Meer hinab.)

Robert
(entsetzt).

Kommt ihr zu Hilfe! Rettet, rettet sie!
(Kleon kommt mit Höflingen.)

Robert
(an der Terrasse).

Johanna! — Oh! — Die Fluth zieht sie hinab.
Ach! Daß ich Dich, — das Weib so spät verstand.
Das Wellengrab soll Beide uns umfassen.
Ich folge Dir!
(Er will sich hinabstürzen, Kleon hält ihn zurück.)

Kleon.

O fasse Dich! Komm' fort.
(Man hört von der Thüre des Palastes her Waffengetöse.)

Kleon.

Wer dringt in dieser Stunde hier noch ein?
(Zu einem Höfling.)
Führ' schnell aus der Kapelle her die Wache.
(Der Höfling geht ab.)
(Guido, Angelos und mehrere Edelleute stürmen aus dem
Palaste heran.)

Guido.
Hier ist der Reichsverräther!

Angelos.
Stoß' ihn nieder!

Robert
(entsetzt).

Mein Bruder!

Guido.
Leg' die Krone Cyperns nieder.

Robert
(wieder gefaßt).

Sie wird nie eine Knabenstirne schmücken.

Guido.
Wir wollen nicht mit Dir die Fesseln tragen,
Die Richards Schwester Dir und uns geflochten.
Gib Dich gefangen.

Robert
(zieht das Schwert).

Noch führ' ich das Schwert.
Komm' an! Der König kämpft für seine Krone.

Angelos.
Du sollst es nicht.

(Er dringt auf ihn ein.)

Kleon
(stürzt auf ihn.)

Ich schütze meinen König.

(Er kämpft mit Angelos. Die Höflinge fechten mit den Empörern.)

Angelos.

Kommt mir zu Hilfe!

(Ein Offizier eilt mit der Leibwache des Königs herbei.)

(Er ersticht Guido, der Angelos zu Hilfe kam.)

Der Offizier.

Stirb, Rebell!

Guido

(sinkt sterbend nieder).

O Dora! —

Kleon

(zu Robert).

Du bist gerettet.

(Angelos entflieht mit den Edelleuten.)

Robert

(für sich).

Wäre ich doch todt!

Der Offizier

(zur Leibwache).

Verfolgt die flücht'gen Meut'rer. Folget mir.

(Er geht ab.)

Robert

(tritt zur Leiche Guidos; für sich).

Ich trieb Dich, — trieb Johanna in den Tod!
Mein ist die Schuld, daß Du zum Schwerte grifst,
Im Hasse Doras Tod an mir zu rächen.

Mein ist die Schuld, daß sie, die ich verkannte,
Die Heißgeliebte in die Fluth sich stürzte.
Und ich allein, der Schuld'ge, lebe noch! —
Ich will durch Thaten meine Frevel sühnen.
Befreien soll von ihrem Fluche mich
Im Kampfgewühl der Speer der Saracenen.

(Zu den Höflingen:)

Beflaggt mein Schiff, ich zieh' in's heil'ge Land.

(Der Vorhang fällt.)

Ende.